MaRieLuisa

Die besten 5-Minuten-Geschichten

Die besten 5-Minuten-Geschichten

Dieses Buch gehört:

Illustrationen: Evelyne Krebs
Printed in Slovenia

Inhalt

Abendlied für kleine Mäuse

An einem lauen Abend im Sommer sang Frau Maus
für ihre sieben Kinder ein Liedchen vor dem Haus.
Sie sang mit feinem Stimmchen, nicht laut, doch dafür schön.
Und was sie sang, soll wörtlich in diesen Zeilen stehn:
„Am Rhein, am deutschen Rheine, da steht ein hohes Schloss.
Die Ritter sind vergessen, samt Wagen, Mann und Ross.
Im hohen Zinnenturme sitzt keine Jungfrau drin,
und die im Schlosse wohnten, sind alle längst dahin.
Doch für das Volk der Mäuse ist dieses alte Schloss
ein Paradies auf Erden, ein Tanzplatz riesengroß.
Im gotischdüstren Saale ist jede Nacht Musik.
Dort tanzt und scherzt und lacht man und frisst sich nudeldick!
Wie köstlich ist das Leben, das unser Schicksal webt,
wenn man in Rittersälen bei vollen Tafeln lebt!“
Dies Liedchen sang am Abend im Sommer die Frau Maus
für ihre sieben Kinder vor ihrem Mäusehaus.

Das Fest auf dem Kirchplatz

Schon seit einigen Tagen hing ein mit Blumen verziertes weißes Tuch über der Kirchentür: „Sonntag, 10. Juli: Ge meindetag“ stand darauf geschrieben. Ein Plakat an der Anschlagtafel im Vorraum der Kirche verriet die festliche Programmfolge. Endlich kam der lang erwartete Festtag heran. Am Sonntagmorgen wurden Katarina und Ulli schon früh um acht Uhr von den Turmbläsern geweckt. Der weiße Neubau, in dem sie wohnten, befand sich nur fünfzig Meter von der Kirche entfernt. Schnell sprangen die Kinder aus den Betten und liefen ans Fenster. Die Mutter bereitete das Frühstück vor; danach gingen sie zum Gottesdienst. Auch der Vater begleitete sie.

Der geräumige Platz vor der Kirche hatte über Nacht sein Aussehen verändert: auf den Betonstufen vor dem Kirchenportal standen große Kübel mit Sommerblumen!

Neben dem Eingang waren eine Reihe von Holztischen und Bänken aufgestellt, Bierfässer wurden herbeigerollt. Nach der Andacht sollte hier ein Frühschoppen der Mitglieder der Kirchengemeinde stattfinden und Mutter und Vater wollten dabei sein.

Das Fest für die Kinder begann um drei Uhr am Nachmittag. Natürlich waren Katarina und Ulli pünktlich zur Stelle.

Vor dem Kircheneingang war jetzt ein kleiner Flohmarkt aufgebaut. Dort wurden Sachen feilgeboten, die von Freunden der Pfarrgemeinde gespendet worden waren. Der Erlös sollte zur Renovierung der Kirche dienen. Bücher gab es da und alte Lampenschirme, Bälle, Bilder, Puppen, Handarbeiten, alte Kleidungsstücke, Geschirr und andere schöne Sachen.
Eine kleine Musikkapelle spielte fröhliche Weisen und es gab Gutes zu kaufen: Limonade, Säfte und Kaffee, Bockwurst, belegte Brote und Kuchen.
Das eigentliche Kinderfest spielte sich im Pfarrhof ab. Die Kleinsten buddelten im Sand. Die größeren Kinder bauten aus Brettern eine Hütte. Sie malten die Hütte bunt an und

klebten alte Stoffreste als Fenster und Türen. Eine lustige Kleckserei gab es im Tonnenhof. Hier pinselten die Kleinsten eine riesenlange Schlange und andere Tiere an die weiße Wand. Andere versuchten sich im Stelzen laufen oder schlugen Nägel in ein weiches Tannenbrett. Wer den Nagel mit weniger als fünf Schlägen gerade einklopfte, bekam zur Belohnung einen Bonbon. Erwachsene mussten allerdings diese Kunststück mit höchstens drei Schlägen vollbringen.
Das Schönste am Festtreiben war das große Froschmaulwerfen mit weißen Tennisbällen. Ein großer, grün bemalter Frosch aus Sperrholz sperrte sein breites Froschmaul auf. Es war gar nicht so einfach, aus einer Entfernung von etwa fünf Metern den Schlitz im Sperrholz zu treffen. Wer den Frosch dreimal hintereinander ins Maul traf, erhielt einen Schokoladentaler als Orden. Auch Ulli gelang es, diesen Preis zu erringen, und er gab ihn großzügig an seine Schwester weiter.
Die Zeit war wie im Flug vergangen, als die Kapelle um sechs Uhr abends das letzte Musikstück spielte. Der Flohmarkt wurde schon weggeräumt, ein Lastwagen holte die Tische, Bänke und beseitigte die Abfälle. Vor der Kirche aber begann als Abschluss ein großes Seifenblasenpusten. Alle Kinder beteiligten sich daran und es bot sich ein wunderschöner Anblick: große und kleine buntschillernde Seifenblasen stiegen auf und zersprangen!

Das große Gartenfest

Zu dem großen Gartenfeste
kommen heute viele Gäste.
Onkel, Tante, Oma Heldt
haben sich schon eingestellt.
Auch die Kinder sind längst da,
ganz zuletzt kommt Großpapa.

Unser Pudel und die Katz
sitzen auf dem Ehrenplatz.
Mit Trompeten und Gebrumm
ziehn die Musikanten um.
Wem's gefällt, der dreht sich ganz
frohgemut heut Nacht beim Tanz.

Das große Waldkonzert

In den Pfingstferien fuhr Werner zu seinem Onkel aufs Land. Onkel Theobald war Rentner und lebte allein in einem kleinen Häuschen am Wald. Die Leute hielten ihn für einen Sonderling. Doch der Schein trog. Onkel Theobald war nicht wunderlich. Er wusste ganz genau, was er tat und sagte. Vor allem aber hatte er Kinder gern und deshalb fühlte sich Werner in dem Häuschen des Onkels sehr wohl. Es war nicht alles ganz so sauber und aufgeräumt in dem Häuschen. Es fehlte die ordnende Hand einer Hausfrau. Doch Werner machte das gar nicht so viel aus, wenn zum Beispiel der Salzstreuer aus unerklärlichen Gründen neben die Filzpantoffeln unters Bett gerollt war.

Eines Sonntags nahm der Onkel den Neffen zu einem Waldspaziergang mit. „Wir wollen uns ein Waldkonzert anhören", sagte er zu Werner. „Du wirst staunen, wie viele Instrumente in diesem Orchester zusammenklingen."

Werner war neugierig geworden und stiefelte willig mit dem Alten mit. Vielleicht hatte sich ein Musikverein aus der Stadt angesagt, der auf der großen Waldlichtung seine Proben abhielt?

An den Sonntagen, wenn das Wetter schön war, fuhren viele Erholung suchende Städter über die Autostraße in die umliegenden Wälder. Onkel Theobald aber lenkte die Schritte nicht zur Asphaltstraße. Er ließ eine Raststätte links liegen und kümmerte sich auch nicht um die belebte Waldwiese; er ging mit seinem Neffen zu einer tiefen, versteckten Lichtung. Dorthin kamen überhaupt keine Ausflügler. Es war sehr einsam an diesem Ort. Nur die Waldvögel trillerten ihre Lieder. „Hörst du nun das große Waldorchester?“, fragte der Onkel den Jungen. Werner hätte beinahe laut gelacht. Doch er wollte den Onkel nicht kränken. Was meinte er nur?

Der Wind spielte in den Zweigen der Bäume und Onkel Theobald sagte: „Der Wind spielt die Harfe.“ Durch das Unterholz schlüpften kleine Finken, die sich fröhlich vernehmen ließen, und andere Vögel fielen ein. Der alte Mann lauschte andächtig. Für ihn waren es Flötentöne und Geigenklänge. Ein Specht schlug einen harten Trommelwirbel. Das Gurren der Wildtaube klang wie eine Hawaiigitarre. Im nahen Waldsee quakten hunderte von Fröschen. Der alte Mann lauschte. Auch Werner grinste nicht mehr, sondern hörte mit Interesse auf die Stimmen des Waldes. Wirklich, mit ein bisschen Einbildungskraft hörte auch er die Klänge verschiedener Musikinstrumente.

Nachdem die beiden wohl eine halbe Stunde dem Vogelkonzert gelauscht hatten, machten sie sich wieder auf den Heimweg.

„Am kommenden Sonntag“, sagte Onkel Theobald, „werden wir gleich nach Sonnenaufgang in den Wald gehen, denn in der Früh lassen sich noch viel mehr Musikanten hören.“

Je näher die beiden Wanderer zur Autostraße kamen, um so mehr verstummten die Stimmen des Waldes. Dafür drangen nun Menschenstimmen und die Geräusche vorbeibrausender Autos an ihre Ohren ...

Hättest auch du Lust, einmal den Stimmen des Waldes zu lauschen?

Das kleine Segelschiff

Das kleine Segelschiff lag am äußersten Rand der Hafenmauer. Links neben ihm schlug das Meerwasser gegen die Ufersteine. Rechts aber lag das dicke Motorboot und schaukelte hin und her.

Das Motorboot war sehr hochmütig. Lag das kleine Segelschiff neben ihm und sagte „Guten Morgen“ oder „Guten Abend“, je nachdem, wie es gerade an der Tageszeit war, so schaukelte das Motorboot nur hin und her, und ab und an nickte es höchstens einmal mit dem Bug, aber sprechen tat es kein Wort.

Das ist mir eine langweilige Gesellschaft, dachte das Segelschiff. Ich werde in die weite Welt hinausfahren müssen. Vielleicht finde ich bessere Gesellschaft.

Eines Tages war nun der Fischerjunge Andreas mit dem kleinen Segelschiff aufs Meer gefahren. Als er wieder an der Hafenmauer anlegte, vergaß er, es abzutakeln und richtig zu vertauen.

Gegen Abend kam ein großer Wind. Der blies in die Segel und plötzlich war das kleine Segelschiff von der Hafenmauer frei und fuhr hinaus auf die See. Hei, war das ein Sturm!

Der Wind fasste in die Segel und trieb das Schiff vor sich her. Bald war das kleine Segelschiff so weit vom Land entfernt,

dass es die Hafenmauer überhaupt nicht mehr sehen konnte. Immer schneller wurde die Fahrt und der Sturmwind immer stärker.
„He, Bruder Sturm, halt ein! Du treibst es gar zu toll mit mir", rief das kleine Segelschiff. Die Wellen schlugen haushoch: Das kleine Segelschiff schwankte hin und her wie eine Nussschale. Aber da es so klein war, blieb es immer oben auf den Wellen.
Plötzlich sah es vor sich einen dicken Dampfer, der vergebens versuchte, in den Hafen zu kommen. Der dicke Dampfer war viel zu plump, um sich auf den Wellen zu halten, und das Wasser ging immer über ihn hinweg.
Auf dem Dampfer war der Schiffsjunge Peter gerade dabei, die Tabakspfeife des Kapitäns zu reinigen, als sich das Schiff auf die Seite legte.
„Wir sinken! Wir sinken!", schrie Peter, und dann sprang er ins offene Meer.
Der Kapitän und die fünf Matrosen auf dem Schiff sahen, dass nichts mehr zu retten war. Ohne sich lange zu besinnen, sprangen auch sie ins nasse Wasser.
Der dicke Dampfer schnaubte noch einmal laut auf. Dann versank er auf Nimmerwiedersehen in den Fluten. Dem kleinen Segelboot wäre vor Schreck fast das weiße Segel umgeknickt, als es das Unglück sah. Doch dann fasste es sich ein Herz und steuerte schnell auf den Schiffsjungen zu: Peter konnte ins rettende Boot klettern! Dort raffte er die Segel, so gut er es gelernt hatte. Dann rief er dem Kapitän, der noch im Wasser paddelte und wie ein Seehund schnaubte, mit lauter Stimme zu: „Hierher, Kapitän!"
Und den fünf Matrosen rief er zu: „Hierher, Matrosen!"
Und so konnten sich alle glücklich in das kleine Segelschiff retten. Sie sahen zwar aus wie nasse Katzen, aber sie waren unverletzt. Der Kapitän schnaufte, denn sein langer Vollbart

triefte von Wasser. „Steuert an Land, Jungens!“, sagte er zu den Matrosen. Und die Matrosen steuerten, was sie nur steuern konnten.
Auch der Sturmwind schien ein Einsehen zu haben. Er pustete nicht mehr ganz so stark. So gelang es den Matrosen, glücklich mit dem kleinen Segelschiff an der Hafenmauer anzulegen.
Dort standen der alte Fischer und der Fischerjunge Andreas. Andreas hatte schon viel Schelte vom Vater einstecken müssen, weil er so nachlässig gewesen war. Aber als sie das kleine Segelschiff unzerstört vor sich sahen, freuten sich beide.
„Euer Schiff hat uns das Leben gerettet“, sagte der Kapitän. „Mein dicker Dampfer ist soeben im Meer versunken.“
Der Fischer brachte die Geretteten in seine Hütte. Dort konnten sie ihre Sachen am warmen Ofen trocknen.
„Die Versicherungsgesellschaft muss euch den Verlust ersetzen und einen neuen Dampfer bezahlen“, tröstete der alte Fischer den Kapitän.
„Ich werde nie mehr auf einem Dampfer fahren können, denn ich habe bei dem Unglück meine Tabakspfeife verloren. Ein Kapitän kann sein Schiff verlieren. Das kommt vor. Aber ein Kapitän, der seine Tabakspfeife verloren hat, ist kein richtiger Kapitän“, sagte der Kapitän.
Da lachte der Schiffsjunge Peter: „Ich habe die Pfeife gerade reinigen wollen, als das Unglück passierte. Da steckte ich sie schnell in die Hosentasche. Hier ist sie!“
Mit diesen Worten überreichte er dem Kapitän die Tabakspfeife und der Kapitän ernannte Peter auf der Stelle zum Maat.
Das kleine Segelschiff aber wurde mit einem grünen Lorbeerkranz geschmückt. Ein grüner Lorbeerkranz ist für ein Schiff die höchste Auszeichnung.

Das Märchen von der Kirchenmaus

Es war einmal eine arme Kirchenmaus, die war unter der Orgel geboren. Dort hatte sie ihre Wohnung und jeden Sonntag hörte sie das Orgelspiel. Diese Musik klang so lieblich in ihren kleinen Mauseohren, dass sie für sich beschloss, sich der Musik zu verschreiben. Sie wollte Künstlerin werden.

Da nun aber eine Kirchenmaus das Orgelspiel nicht erlernen konnte, versuchte sie es mit Gesang. Bei einer trillernden Feldlerche nahm sie Unterricht. Die Lerche verlangte dafür Würmer, fette Käfer und Insekten larven. Aber die Maus scheute keine Mühe, die Forderungen der Lerche zu erfüllen.

Sie rackerte sich ab und hungerte und darbte, um ihr großes Ziel zu erreichen. Bald pfiff sie so schön, wie eine Kirchenmaus nur irgend pfeifen kann. Trotzdem war es noch lange kein lieblicher Gesang. Die anderen Kirchenmäuse sagten, bei ihr wäre Hopfen und Malz verloren. Sie würde nie im Leben eine Künstlerin werden. Doch die Maus verzweifelte nicht und ließ sich nicht unterkriegen. Große Fortschritte aber konnte sie nicht erringen.

Nun lebte im Mühlengraben eine schwer kranke alte Ratte. Zu ihr ging die Maus manchmal, wenn sie ein Stündchen Zeit übrig hatte. Dann pfiff sie der kranken Ratte ein paar Melodien vor, und die Ratte freute sich darüber. Sie hatte auf ihrem Krankenlager keine Abwechslung, und niemand war da, der für sie sorgte. Das dürftige, aber gut gemeinte Gequieke der armen Kirchenmaus erquickte ihr krankes Herz.

Eines Nachts war die Ratte gestorben. Nun hatte die Maus wieder niemanden, der sich für ihre Kunst interessierte. Sie wurde alt und grau, wie es arme Kirchenmäuse nun mal werden, und eines Tages starb auch sie.

Es gab eine klägliche Beerdigung, und eine ihrer Kusinen, eine fette Feldmaus, sagte hinterher:

„Sie führte ein unnützes Leben. Sie musste immer hungern und darben. Sie wollte eine große Künstlerin werden und ist es aber doch nicht geworden."

„Das stimmt", sagte eine andere Maus, die auch zur Beerdigung gekommen war. „Als Maus und Künstler hat sie es zu nichts im Leben gebracht. Aber sie hat einmal einer sterbenden Ratte mit ihrer Kunst eine Freude bereitet. Vielleicht war es genug, dafür zu leben."

Das Stühlchen und der Ohrensessel

Ein Stühlchen und ein Ohrensessel standen zusammen in der Rumpelkammer. Niemand konnte sie mehr gebrauchen, und hier oben unter dem Dach sollten sie ihre alten Tage beschließen.

Das Stühlchen hatte ein Leben lang treu gedient und auch der Ohrensessel hatte seinen Zweck erfüllt. Nun hätten die beiden Alten ja in Ruhe und Frieden ihre Tage verbringen können. Aber dem war nicht so.

Der alte Ohrensessel war nämlich ein hochmütiger, eingebildeter Patron. Das Stühlchen war immer klein und bescheiden. Deshalb musste es das hochmütige Geschwätz des Ohrensessels geduldig über sich ergehen lassen.

„Ich habe glänzende Tage erlebt“, prahlte der Ohrensessel hochnäsig. „Als ich jung war, hatte ich es nicht nötig, mit solch hölzernem Pack zu verkehren. Damals zierte ich den feinsten Salon der Stadt, und einmal hat sogar eine Königin in meinen Polstern geruht.“

„Es war eine Faschingskönigin, nichts weiter!“, kicherte ein alter Bilderrahmen, der sich hinter das Stühlchen gelehnt hatte. „Du brauchst dir gar nichts darauf einzubilden. Ich hing damals an der Wand des Salons und konnte alles beobachten." „Wer hat denn dich gefragt?", knarrte der Ohrensessel. „Du bist doch so dumm, dass du überhaupt nicht mitreden darfst."

„Alter, eingebildeter Pinsel!", rief der Bilderrahmen erregt zurück.

Der Sessel brauchte wirklich nicht auf seine Verdienste stolz zu sein, denn es steckte nichts dahinter. In seinen Leisten lebten

die Würmer und zwischen den Sprungfedern gaben sich Mäuse ein Stelldichein.

Nun kam es, dass ein Altwarenhändler eines Tages vor der Tür des Hauses hielt. Da sagte die Mutter zu ihrem Sohn: „Wir wollen in die Rumpelkammer steigen und sehen, was wir dem Altwarenhändler mitgeben können!"

Also stiegen sie in die Rumpelkammer und begannen dort aufzuräumen. Zuerst fiel ihnen der Bilderrahmen in die Hände.

„Er ist eigentlich noch zu schade zum Wegwerfen“, sagte die Mutter. Damit staubte sie den Rahmen ab und hängte ihn an einen Nagel unter den Dachbalken.
„Sieh mal, Mutter: Was für ein nettes Stühlchen hier steht!“, rief der Junge fröhlich aus. „Ich will den Vater bitten, dass er es mir neu lackiert. Es ist so hübsch und klein und kann gut in meinem Kinderzimmer stehen!“
Mit diesem Vorschlag war die Mutter einverstanden.
Der eingebildete Sessel hatte alles mit angehört, und er dachte: Wenn das hölzerne Gesindel wieder zu Ansehen kommt, was wird man da mit mir für große Dinge vorhaben?
Inzwischen nahm die Mutter den Sessel in Augenschein.
„Nichts wie fort mit dem alten Ding!“, entschied sie. „Da sind ja schon die Würmer drin, und aus den Polstern fällt der Mäusedreck!“
Gemeinsam trugen sie das Ungetüm die Treppe hinunter. Der Altwarenhändler lud es auf den Wagen und fuhr es zum Schuttplatz. Das kleine bescheidene Stühlchen aber und auch der Bilderrahmen kamen doch wieder zu Ehren.

Der falsche Hase

Ein alter Hase war habgierig. Er wohnte mit einem anderen Hasen auf einer großen Wiese. Die Wiese hatte für beide genug Klee und Gras. Doch der alte Hase wollte alles für sich haben. Deshalb sann er hin und her, wie er seinen Kumpan loswerden könnte. Der zweite Hase war ein einfältiges Tier, das sich alles gefallen ließ. Es nagte die sauersten Gräser, rührte den saftigen Klee kaum an, und der Alte hätte mit dem dummen Hasen wohl zufrieden sein können. Aber Neid und Falschheit wachsen immerfort.

Eines Tages bekam das Häschen schreckliche Löffelschmerzen. Es konnte die langen Ohren nur noch schlaff und kraftlos hängen lassen. Es machte einen traurigen Eindruck. Da sagte der alte Hase scheinheilig:

„Ich weiß eine dicke Kröte, die wohnt in einer Höhle. Sie versteht es meisterlich, kranke Hasen zu kurieren."

Das dumme Häschen glaubte dem falschen Hasen und dieser führte das Tier zu der Höhle des Fuchses. Meister Reineke, so glaubte der Hase, würde das Häschen wittern, aus seiner Höhle hervorschießen und es verspeisen. Das kranke Häschen würde sich nicht wehren können, der Fuchs hätte ein leichtes Spiel. Ja, so ein böser Hase war das.

Doch das kleine Häschen war nicht ganz so dumm, wie es aussah. Es hatte eine feine Nase und war auf der Hut. Es

hoppelte aber mit dem Alten fort. Vor der Höhle des Fuchses versteckte sich dieser in einem Brombeergebüsch und murmelte:
„Klopfe kräftig mit der Pfote an die Tür. Dann wird dir die Kröte öffnen."
Nun roch das Häschen den faulen Braten. Es pochte schnell an die Tür zur Höhle, wartete aber nicht ab, bis geöffnet wurde. Schnell schlug es einen Haken und hoppelte davon. Neugierig steckte der alte Hase seinen Kopf aus dem Gebüsch.
Ach, da kam der Rotfuchs angeprescht!

Schnell wollte unser Meister Lampe Reißaus nehmen. Der Fuchs aber war ihm auf den Fersen; er erwischte ihn am Fell. Da musste der falsche Hase Haare lassen! Nur mit Not entkam er dem Fuchs, und am Abend erreichte er völlig ermattet den Kleeacker. Das kleine Häschen war schon dort. Es pflegte den alten Hasen, so gut es das konnte. Und der böse Hase hatte die Pflege doch eigentlich gar nicht verdient. Aber das Häschen vergalt nicht Böses mit Bösem. Bald wurden beide wieder gesund und konnten hoppeln und springen und wurden die besten Freunde.

Der Frosch und der Esel

Ein dicker grüner Frosch lebte in einem kleinen Bach. Eines Tages im heißen Sommer aber war das Wasser versiegt und der Bach ausgetrocknet. Da saß der dicke grüne Frosch auf dem Trockenen und schnappte nach Luft, denn er war dem Tode nahe. Der Bach führte durch eine große Wiese und auf dieser Wiese graste ein alter Esel. Der Esel war dem Fröschlein gut bekannt, und er hätte gerne geholfen, denn alte Esel haben bekanntlich eine mitleidige Seele.

„Ich weiß einen großen Strom, der jenseits des Dorfes fließt", sagte der Esel zu dem kleinen Dicken. „Er führt Wasser in Hülle und Fülle und trocknet auch im heißesten Sommer nicht aus. Ich bin oftmals dort vorbeigekommen, wenn ich Kornsäcke zur Mühle schleppen musste. Wenn du dort sein könntest, würde es dir jetzt wohl ergehen."

Das Fröschlein schaute den alten Esel mit großen, feuchten Augen traurig an.

„Ach, wenn ich den Weg dorthin wüsste", klagte es, „wie gern würde ich hinhüpfen. Aber es ist zu spät für mich, denn ich bin für eine lange Wanderung schon viel zu schwach."

„Wenn's weiter nichts ist", wieherte der Esel, „da kann ich dir helfen. Steig mir auf den Buckel und ich trage dich sicher zum großen Strom."

Das war ein guter Gedanke, um an das rettende Wasser zu

kommen. Das Fröschlein machte auch gleich einen großen Luftsprung, aber es reichte nicht. Der Esel war zu groß und der Frosch konnte nicht auf seinen Rücken gelangen.
Da wurde der Grünrock wieder traurig, aber der Esel sagte: „Es macht nichts. Wenn du mir nicht auf den Buckel steigen kannst, so beiße dich in meinem Schwanz fest. Du hast ein großes Maul und damit kannst du dich in den Haaren meines Schwanzes festhalten. Mein langer Schwanz reicht fast bis zur Erde. Ich werde dich rasch zum Wasser tragen. Aber du musst

fest zubeißen und das Maul halten, damit ich dich nicht verliere."
Das Fröschlein war mit allem einverstanden, und es war sehr glücklich, dass der gute Esel ihm helfen wollte. Es klammerte sich fest an den Schwanz des Tieres und hielt sich mit dem breiten Maul fest, und der gute Graue raste mit dem feuchten Kerl durchs Dorf.
Da schnatterten die Gänse:

„Seht den Esel! Seht den Esel!“
Das Fröschlein wollte den frechen Gänsen etwas erwidern, aber es dachte an sein Versprechen und biss die Kiefer zusammen. Der Esel aber trabte eilig davon. Da quiekten die Schweine:
„Lustig! Lustig! Seht nur, was dem dummen Esel für ein grünes Ding am Schwanze baumelt!“
Das Fröschlein wurde sehr wütend, aber es beherrschte sich noch einmal. Der Esel hatte auch schon das Dorf durchquert und es waren nur noch wenige Schritte bis zum großen Strom.
Da stand eine Hammelherde am Straßenrand, und der größte Hammel blökte:
„Mäh! Seht nur den grünen Reitersmann! Wie fesch der Frosch doch reiten kann!“
Der Frosch bekam eine riesengroße Wut, als er die unverschämten Worte des Hammels hörte, und ärgerlich rief er aus:
„Du dummer Kerl, kümmere dich um deine eigenen Sachen, und mische dich nicht in fremde Angelegenheiten.“
Was jetzt geschah, könnt ihr euch vielleicht denken. Der Frosch verlor den Halt und stürzte mit voller Wucht aufs schwarze Asphaltpflaster. Platsch! machte es dort, und das Fröschlein war zerplatzt. Nur ein nasser Fleck auf dem Asphalt war von dem kleinen Dicken übrig geblieben, den die heiße Mittagssonne bereits aufzutrocknen begann. Der alte Esel stand bekümmert neben den Überresten seines kleinen Freundes.
Hätte er nur noch ein paar Sekunden geschwiegen, dann hätte ich ihn sicher ins Wasser gesetzt, dachte der Alte. Warum musste er nur so hitzig sein. Er war doch nur so ein kleines Kerlchen.

Der Esel ging still mit gesenktem Kopf zu seiner Wiese zurück. Er hatte es ja nur gut gemeint mit dem Meister Quak.
„Schon viele haben sich ins Unglück gestürzt, weil sie nicht im rechten Augenblick ihr Maul halten konnten“, sagte der Esel.

Der klapperdürre Igel

Ein junger Igel lebte im Brombeergebüsch. Er war dick und kugelrund wie alle Igel. Als er eines Tages durch die Hecken streifte, lief ihm eine Spitzmaus über den Weg. Der Igel sprang zu, um das Tier zu fangen. Aber die Maus war schneller und schlüpfte in ein Mauseloch. Da dachte der Igel:
Was bin ich doch für ein dicker, ungeschickter Kerl! Alle Igel sind plump und unbeholfen. Ja, wenn ich so schlank wie eine Spitzmaus wäre, das wäre eine Lust!
Zu Hause sagte er zu seiner dicken Igelmama:
„Ab heute wird nichts mehr gefressen, denn ich will so schlank wie eine Spitzmaus werden."
„Igitt", sagte die Igelmama entsetzt. „Was du für Einfälle hast! Kein Igel ist so schlank wie eine Spitzmaus. Überhaupt ist eine Spitzmaus kein Umgang für Igel. Sie ist zu mager, um von uns gefressen zu werden. Da lobe ich mir die dicken, fetten Kröten."
„Die Kröte ist ein hässliches Tier", sagte der junge Igel. „Und warum ist sie hässlich? Weil sie so dick ist! Sie ist so dick wie ein Kieselstein und hässlich wie die Nacht. Von einer Spitzmaus wird niemand behaupten, dass sie hässlich ist. Sie ist flink und schön und von reizender Gestalt!"

„Du redest, wie du es verstehst“, sagte die Igelmama und machte sich über ein fettes Ackerschneckengericht her. Dem jungen Igel drehte sich fast der Magen um, als er die alte Igelin schmatzen hörte.

Von Stund an rührte er keinen Bissen mehr an. Er fraß keine fetten Feldmäuse mehr und auch Frösche und Kröten rührte er nicht an. Keine Schlange schmeckte ihm. Er fraß keine Raupen und Käfer und grub auch nicht mehr nach Engerlingen. Der Igel hungerte. Er scharrte keine Wurzeln mehr aus der Erde und benagte nicht mehr das Fallobst im Grasgarten. Selbst die Milch, welche die Frau des Bauern den Igeln in einem Schälchen auf die Tenne stellte, berührte er nicht. Er trank nur klares Wasser aus dem Bach, und jeden dritten Tag aß er eine unreife Pflaume, um sich am Leben zu erhalten. Denn das wusste der Igel: Wer überhaupt nichts mehr aß, musste sterben!

Und der Igel wurde dünner und dünner. Bald hatte er gar kein Fleisch mehr auf den Knochen und seine Borsten sahen aus wie rostiger Stacheldraht. Wenn er durchs Gebüsch schlich, schwankte er hin und her, so schwach war er geworden. Vor Hunger konnte er nicht mehr geradeaus gehen. Aber der Igel glaubte, jetzt viel schöner zu sein.

Als er wieder einmal durchs Gebüsch schlich und ihm vor Schwäche fast schwummrig vor den Augen wurde, stand plötzlich ein großer Fuchs vor ihm. Der Igel war so erschrocken, dass er sich gar nicht mehr zu einer Kugel zusammenrollen konnte, um so in Abwehrstellung zu gehen. Der Fuchs stieß ihn mit der Schnauze an. Da fiel der Igel auf den Rücken und streckte die Beine von sich.

Jetzt hat mein letztes Stündlein geschlagen! Jetzt wird der Fuchs mich fressen! dachte er und zitterte am ganzen Leib.

Der Fuchs beroch den Igel. Dann schüttelte er seinen roten

Fuchskopf und sagte: „Nein, dich fresse ich nicht! Du bist ja ein richtiges Klappergerüst! Sicher hast du eine ansteckende Krankheit, weil du so dürr bist. Ich will mir nicht meinen empfindlichen Magen durch schlechte Kost verderben!“
Mit diesen Worten ließ der Fuchs vom Igel ab und trollte sich. Mit letzter Kraft raffte sich der Igel auf und lief nach Hause, so schnell ihn seine schwachen Igelbeine tragen konnten. Endlich war er in Sicherheit.
„Du wirst dich noch zu Grunde richten“, schimpfte die Igelmama. „Solch einen Igel wie dich habe ich mein Lebtag nicht gesehen. Du scheinst vollkommen aus der Art geschlagen zu sein.“
Da sagte der Igel: „Gib mir schnell eine große Portion Schneckensalat, damit ich wieder zu Kräften komme.“ Und dann erzählte er das schreckliche Erlebnis mit dem Fuchs.
„Es hat noch nie einen Igel gegeben, der so schlank wie eine Spitzmaus war“, sagte die Igelmama. „Igel haben dick und rund zu sein, und ich hoffe nur, dass du jetzt recht viel frisst, um auch dick und fett zu werden.“
Die Igelmama freute sich von ganzem Herzen, dass der junge Igel von seinem Wahn geheilt worden war. Und der Igel fraß und fraß, dass es eine Freude war. Bald bekam er wieder Speck auf den Rippen und hatte wieder einen kugelrunden Igelbauch.

Der Klappermann im Korn

Einmal waren dem Schweinehirten von Schilda die Schweine ins Korn hineingelaufen. Da schimpften die Schildbürger sehr und sagten, er solle für den Schaden aufkommen.

„Ich kann nichts dafür, dass das Korn zertrampelt ist“, sagte der Schweinehirt. „Schuld daran ist die Klapperpuppe, die dort mitten im Korn steht. Sie tritt alles nieder.“

Die Schildbürger hatten sich im Frühjahr eine große Vogelscheuche gebaut und ins Korn gestellt. Sie hatten alte Konservendosen an das Gestänge gebunden, und wenn der Wind wehte, klapperten die Büchsen. Das hörte sich schaurig an.

Den Schildbürgern wurde fast unheimlich zu Mute. Kein Zweifel, das Gespenst dort im Korn lebte!

Nun berieten sie lange, wie sie das Gespenst vertreiben könnten. Doch der Schweinehirt sagte, ihm wäre nicht bange. Er würde die Scheuche aus dem Korn verjagen.

Anfangs waren die Schildbürger einverstanden, doch dann sagte einer von ihnen: „Nein, es geht nicht. Wenn du den Klappermann vertreibst, trittst du zu viel Korn dabei nieder. Es ist schon genug Schaden angerichtet worden.“

„Dann setzt mich auf eine Trage und gebt mir eine lange

Peitsche in die Hand“, meinte der Schweinehirt. Dieser Vorschlag leuchtete den Schildbürgern ein und sie bauten eine riesengroße Tragbahre aus Ästen und Zweigen. Darauf konnte der gescheite Schweinehirt Platz nehmen. Er bekam eine Peitsche in die Hand und acht Männer schleppten ihn ins Korn.

Als sie ein Stück gegangen waren und schon viele Ähren niedergetrampelt waren, begann der Wind mit den Blechbüchsen zu spielen, dass sie klapperten. Die morsche Vogelscheuche knarrte und die Männer bekamen es mit der Angst zu tun. Plötzlich warfen sie die Trage ins Korn und rannten, so schnell sie konnten, davon. Dem schlauen Schweinehirten blieb nichts anderes übrig, als ihnen zu folgen. In diesem Augenblick begann die Vogelscheuche wieder zu knarren und es hörte sich an, als würde sie sagen: „Ergib dich! Ergib dich!“

Aber der Schweinehirt schrie: „Niemals! Ich ergebe mich nicht, und wenn es mich das Leben kosten sollte!“

So misslang es den Schildbürgern, den Klappermann aus dem Korn zu vertreiben.

Der musikliebende Königssohn

Es war einmal ein Königssohn, der liebte die laute Musik. Er trommelte den ganzen Tag auf einer großen Trommel. Und wenn er genug getrommelt hatte, trompetete er laut auf einer silbernen Trompete. Und wenn er genug trompetet hatte, posaunte er auf einer goldenen Posaune. Überall im Schloss waren Lautsprecher aufgestellt. Sie übertrugen die Musik des Königssohnes in alle Räume und Säle. Selbst im Schlafzimmer war niemand vor den Trommeln, Trompeten und Posaunen sicher. Darüber war nun schon der gesamte Hofstaat verrückt geworden. Der einzige Mensch, der sich noch einen klaren Kopf bewahrt hatte, war die alte Großmutter des Königs. Sie ließ sich nicht durch die Musik stören, denn sie war seit Jahren taub.

Da die alte Großmutter nicht mehr viel im Königsschloss zu tun hatte und ihr das Wohl des Reiches sehr am Herzen lag, dachte sie jeden Tag darüber nach, wie der Königssohn von seiner Besessenheit geheilt werden könnte. Die schreckliche Musik zerrte an den Nerven aller Hofleute.

Eines Tages hatte sie den rettenden Einfall. Als der Königssohn zur Jagd ausgeritten war, bestellte sie drei Musikanten ins Schloss und ließ ein großes Fest ausrüsten.

Mit den Musikanten hatte es eine besondere Bewandtnis. Der erste von ihnen, der die Trommel schlug, war ein sehr dicker Mann mit einem großen Trommelbauch. Der zweite Musiker, ein Posaunist, hatte riesige Hängebacken wie ein Posaunenengel. Der dritte, der die Trompete blies, hatte zwei große, seltsam geformte Trompetenohren. Diese drei Musikanten trommelten, posaunten und trompeteten zum Tanz, als der Königssohn und der Hofstaat von der Jagd heimkehrten. Die Großmutter aber stand im Saal und freute sich.

„Jetzt ist auch die Großmutter närrisch geworden", sagte der König zur Königin. „Schau nur, wie sie sich über den Lärm freut!"

Die Königin seufzte tief und verstopfte sich die Ohren mit Watte.

Als der Königssohn in den Saal trat, erstaunte er über die Kapelle. Er ließ gleich seine Instrumente bringen, um kräftig mitzuhalten.

Aber je länger er die drei seltsamen Musikanten betrachtete, um so verwunderter wurde er:

„Freund, woher hast du nur den dicken Trommelbauch?", fragte er den ersten Musikanten.

„Der kommt vom vielen Rumm-tumm-tumm! Der kommt vom vielen Trommeln!", sagte der Musikant.

Da erschrak der Königssohn, weil er daran dachte, dass er auch so einen Bauch bekommen könne. Aber dann beruhigte er sich wieder und dachte: Wenn ich die Uniform anhabe, ist der Bauch darunter nicht zu sehen. Und sie musizierten lustig weiter.

Nach einer Weile fragte der Königssohn den zweiten Musikanten:

„Freund, woher hast du nur die riesigen Hängebacken?"

„Die kommen vom vielen Ti-ta-tut! Die kommen vom vielen Posaunen!“, sagte der Musikant.
Da erschrak der Königssohn noch mehr, weil er dachte, dass er auch solche Hängebacken bekommen könne. Aber dann beruhigte er sich wieder und dachte: Wenn ich mir einen Vollbart wachsen lasse, dann sind die Hängebacken darunter nicht zu sehen. Und sie musizierten lustig weiter.
Nach einer Weile fragte der Königssohn den dritten Musikanten:
„Freund, woher hast du die riesigen Trompetenohren?“
„Die kommen vom vielen Tä-tere-tätä! Die kommen vom vielen Trompeten!“, sagte der Musikant. Da erschrak der Königssohn sehr.
Wenn ich solche Ohren hätte, sagte er sich, wie sollte ich da die Krone tragen, wenn ich König geworden bin?
Schnell warf er alle seine Instrumente fort und machte von Stund an keine laute Musik mehr. Die kluge Großmama aber belohnte die drei Musikanten gut. Und so lebten alle von nun an in Ruhe und Frieden.

Der Spatz und seine Freunde

Ein kleiner Spatz war erwachsen geworden. Deshalb verließ er das Nest seiner Eltern, um sich in der Welt umzusehen. „Ich will mir einen Freund suchen, um den mich die ganze Welt beneiden soll“, rief der kleine Spatz, und er dachte: Ich will mir einen großen Freund suchen! Husch! flog er davon.

Zufällig kam er an dem Tierpark vorbei. In einem Wasserbecken inmitten des Gartens badete ein großes grünes Krokodil. Es war ein riesengroßes Ungeheuer mit einem langen Krokodilschwanz.

Doch Spatzen sind von Natur aus mutige Vögel und unser Spatz dachte: Ich will das Krokodil fragen, ob es mein Freund sein will.

Das Krokodil war gerade aus dem Bad gestiegen, als der Spatz neben ihm landete.

Das Krokodil kuschelte sich wohlig in den warmen Sand, blinzelte den Spatz mit seinen glitzernden Krokodilsaugen an und sagte: „O ja, gern. Solch einen Freund wie dich suche ich schon lange. Du kannst mir gleich die Zähne putzen.“ Dabei riss das Krokodil das Maul auf, und der Spatz sprang munter hinzu und pickte dem Krokodil alle Essensreste fort, die zwischen den spitzen Zähnen hängen geblieben wa ren. Diese Arbeit musste der arme Spatz von nun an jeden Tag verrichten. Wenn Kinder in den Zoo kamen, sahen sie dem Spatz bei seiner Tätigkeit zu, und manche lachten ihn aus, denn sie sagten: „Der kleine Spatz ist der Kammerdiener des großen Krokodils."

Der Spatz aber wollte nicht der Diener des Ungeheuers, sondern sein Freund sein. Da er aber nicht der Freund der Echse werden konnte, flog er eines Tages auf und davon.

Er flog und flog, bis er in den großen Wald kam. Dort sah er Hirsche und Rehe. Abseits von dem Rudel spazierte ein majestätischer Hirsch mit einem großen Geweih. Er war ganz allein.

Der Spatz dachte: Der Hirsch ist einsam und sehnt sich

vielleicht nach einem Freund. Ich will zu ihm fliegen und ihn fragen, ob er mein Freund sein will.

Der kleine Spatz flog zu dem Hirsch und fragte: „Darf ich dein Freund werden?"

Der Hirsch hob seinen Kopf stolz in die Höhe und sagte: „Setz

dich auf die Spitze meines Geweihs, dann will ich dich spazieren tragen."
Also setzte sich der Spatz in eine Gabelung des Hirschgeweihs und der Hirsch trug den Vogel im Wald herum.
Die anderen Hirsche und Hirschkühe staunten sehr, als sie den großen Hirsch mit dem Vogel im Geweih daherkommen sahen, denn es gilt bei Hirschen für sehr vornehm, einen Vogel im Geweih zu haben.
Anfangs gefiel es dem Spatz ganz gut, fortwährend spazieren getragen und bewundert zu werden. Aber bald merkte er, dass der große Hirsch dies alles nur tat, um selbst bei den Hirschkühen im Ansehen zu steigen. Da erkannte der Spatz, dass die Freundschaft des großen Hirsches zu ihm auch nicht die wahre Freundschaft war, und deshalb machte er sich hui! aus dem Staub.
Müde und enttäuscht rastete der kleine Spatz in einer Dornenhecke am Feldrand. Da setzte sich eine flinke kleine Feldspätzin neben ihn und pfiff ein kleines Spatzenlied. Dieses Lied gefiel dem kleinen Spatz so gut, dass er die kleine Spätzin fragte: „Darf ich dein Freund werden?"
Die kleine Spätzin schlug vor Überraschung die Flügel über dem Kopf zusammen und tat sehr aufgeregt. Sie zwitscherte: „O ja, gern. Aber du musst mir helfen, ein Nest zu bauen und die Eier auszubrüten, die ich legen werde."
„Wenn es sein muss", nickte der Spatz, und dann bauten sie gemeinsam ein Nest.
Bald merkte der Spatz, dass diese Arbeit viel schöner war als alles, was er vorher getan hatte. Und plötzlich wusste er auch, dass er in seiner jungen Spatzenfrau den einzig richtigen Freund und Partner fürs Leben gefunden hatte.

Der verliebte Brummer

Der Brummer Alfi saß im Wiesengras und weinte sich den Rüssel nass. „Was hast du nur, warum bist du traurig?“, fragte die dicke Nacktschnecke. Aber Alfi antwortete nicht. Dicke Leute waren ihm unangenehm.

„Er hat Liebeskummer“, quakte ein junger Laubfrosch und hielt sich den Bauch vor Lachen. „Alfi ist verliebt!“

„So, so“, nickte die Schnecke. „Das ist eine ernste Angelegenheit. Vielleicht wird es auch dir eines Tages so ergehen.“

„Mir kann das nie passieren!“, quakte der freche Frosch und verzog sein breites Maul zu einem spöttischen Grinsen. „Ich sehe ja, was dabei herauskommt, verliebt zu sein: man magert ab und weint den ganzen Tag!“

„Nur wenn man unglücklich verliebt ist“, tuschelte die Schnecke. „Sonst aber ist die Liebe die schönste Sache der Welt.“

„Du kannst Recht haben“, lenkte der Frosch ein. „Ich verstehe noch zu wenig davon.“

Ja, das stimmte. Und auch der Brummer Alfi schien noch nicht viel von der Liebe zu verstehen. Sonst wäre er wohl nicht so unglücklich geworden. Ausgerechnet in eine schlanke grüne Grille hatte er sich verliebt, und die beiden passten doch überhaupt nicht zusammen. Die Grille wollte auch gar nichts von dem fetten Brummer Alfi wissen.

„Du bist mir zu fett und zu träge. Außerdem kannst du nicht zirpen wie Leute meiner Art“, hatte sie hochmü tig gesungen. Dann war sie davon gehüpft, um sich selber am Abend im Wiesengras ein Liedchen zu geigen.
Doch, ach, das Zirpen der Grille zerriss dem armen Brummer fast das Herz. „Achte nicht darauf, was die Grille geigt“, flüsterte ihm eine kleine Brummerin namens Trinchen ins Ohr. Alfi freilich befolgte diesen Rat nicht. Achtlos schubste er das kleine Trinchen zur Seite, denn er hatte nur Augen und Ohren für die hochmütige grüne Grille.
Wenn ich abmagere, dachte er, und wenn ich fiedeln könnte wie sie, wird sie mich mögen. Ich muss jemand finden, der mir das Zirpen beibringt!
Das war leichter gedacht als getan. Mit dem Abmagern war es eine andere Sache: täglich verlor er an Gewicht! Er aß fast nichts mehr und trank nur jeden Morgen etwas frühen Wiesentau, sodass er schon hohläugig und ganz schwach auf den Beinen geworden war. Jeden Tag machte er lange Wanderungen und fragte überall nach einem Gesangs- und Geigenlehrer. Endlich fand sich ein altes Heimchen bereit, ihm gegen gute Bezahlung Zirpunterricht zu geben. Brummer Alfi lernte es, die harten Käferflügel aneinander zu reiben, wie es die Grillenmännchen tun, wenn sie ein Weibchen anlocken wollen. Aber die Töne, die er dabei von sich gab, waren dumpfe Schnarrlaute und in keiner Weise mit dem feinen Gezirpe einer zarten Grasheuschrecke zu vergleichen. Das alte Heimchen konnte sich mühen, soviel es wollte: mehr als dumpfes Gekratze war dem liebeskranken Brummer beim besten Willen nicht zu entlocken. Endlich gab sie es auf. „Versuche dein Glück, so gut es geht“, sagte sie. „Fliege zum Dorfanger; dort wartet deine Schöne auf dich.” Der abgezehrte Alfi ließ sich nicht zweimal bitten. Schnell flog er zum

Anger, wo die eingebildete Grille daheim war. Sie saß auf einem Maulwurfshügel und schaute gelangweilt zur Seite, als der arme Brummer sich ihr näherte. Er setzte sich zurecht, klappte seine harten Käferflügel aneinander, hob seine dünnen Hinterbeinchen und begann – nein, nicht zu zirpen, sondern zu knarzen! Anders konnte man es nicht bezeichnen. Die stolze Zirpgrille begann aus vollem Hals zu lachen, und sie hüpfte in wilden Sprüngen davon. Solch einen komischen Kerl hatte sie in ihrem ganzen Wiesendasein noch nicht erlebt. Da saß nun unser Brummer Alfi im Gras und weinte dicke Kullertränen. Ausgelacht hatte sie ihn! Sollte dies der einzige Lohn für all sein Bemühen sein?

Doch da krabbelte plötzlich jemand den Anger hinauf. Es war das kleine Trinchen, das sich mitleidsvoll neben den armen Brummer setzte. Alfi wollte gleich zur Seite rücken. Doch Trinchen sagte: „Komm, bleib bei mir hocken, mein lieber Brummi. Schlag dir doch diese dumme Grille aus dem Kopf."

Da wurde dem dummen, dürren Alfi plötzlich ganz warm ums Herz. Gern ließ er sich in seinem Kummer trösten. Ob unser verliebter Brummer wohl heute noch einmal Grillen im Kopf hat? Ich glaube nicht; und was denkst du?

Der Unkrautgarten

Das beste Unkraut weit und breit,
das hat der alte Hamm
in seinem Garten auf dem Dorf.
Es ist fast wundersam:
Am Zaune prangt ein Distelbusch
und auch ein Nesselbeet.
Gelb blühendes Franzosenkraut
ist gleichfalls hingesät.
Ich glaub, der alte Rentner pflegt
mit Sorgfalt jedes Kraut.
Er hat auch Giersch und Hederich
im Garten angebaut!
Tagtäglich gräbt er eine Stund
und jätet mit Geschick.
Das Unkraut aber wächst und blüht
saftstrotzend, grün und dick!

Der wunderschöne rote Apfel

Eine alte geizige Frau hatte vor langer Zeit einmal einen wunderschönen roten Apfel, den putzte sie in ihrer Schürze blank, um ihn zu verspeisen. Da kam ein armes Köhlerweib mit seinem Kind daher, um in der Stadt Holzkohle zu verkaufen. Aber als sie vor das Haus der geizigen Frau kam, schlug die ihr die Tür vor der Nase zu.

Wenn es so mit dir steht, geizige Alte, dachte der Apfel für sich, dann sehe ich nicht ein, warum ich mich von dir verspeisen lassen soll. Eilig sprang er der Frau aus der Schürze und durchs Fenster auf die Straße.

Dort rollte er weiter und immer weiter, bis er in den Wald kam, wo er sich in Sicherheit glaubte.

Aber es war eine trügerische Sicherheit. Nicht lange nämlich, da kam ein Bär daher, der hatte Hunger zum Ochsenverschlingen. Als der den Apfel sah, sagte er:

„Du bist das richtige Magenpflaster für mich.“

Na, da bekam der Apfel vielleicht einen Schreck! Er rollte und rollte davon, so schnell er konnte, um dem hungrigen Bären aus den Augen zu kommen.

Aber da gerade der Förster vorbeiging, der auf dem Heimweg war, machte sich auch der Bär aus dem Staub. Er fürchtete des Försters Flinte.
Der wunderschöne rote Apfel aber hüpfte in seiner Angst dem Förster direkt in den Hut. Der Förster erschrak sehr, wie man sich leicht vorstellen kann. Er drehte den Apfel unschlüssig in der Hand und sagte:
„Welch ein wunderschöner roter Apfel. Er muss von einem Tannenbaum gefallen sein. Ich will ihn zu Hause meiner Frau schenken."
Als der Förster zu Hause seiner Frau den Apfel brachte, sagte sie:
„Ein Apfel, der im Wald von einem Tannenbaum fällt: durch wie viele Hände mag der schon gegangen sein? Oder willst du mir weismachen, dass neuerdings die Äpfel schon auf den Tannenbäumen wachsen?"
Damit warf sie den wunderschönen roten Apfel in die Abfallschwinge, um ihn an die Kaninchen zu verfüttern.
So haben wir nicht gewettet, dachte da der Apfel. Die Kaninchen haben spitze Zähne und von denen möchte ich nicht gefressen werden.
Hopp! hüpfte er aus der Schwinge und machte sich wieder auf den Weg.
Inzwischen war es Abend geworden, und als er aus dem Wald kam, saß da die arme Köhlersfrau mit ihrem Kind im Straßengraben. Sie hatte dort ihr Nachtlager aufgeschlagen, denn der Weg bis zur Köhlerhütte war noch weit, und dem Kind taten die Füße weh. Es weinte still vor sich hin und konnte vor Hunger nicht in den Schlaf kommen; denn sie hatten in der Stadt so wenig Holzkohle verkauft, dass sie nicht einmal genügend Geld hatten, um sich etwas zu essen zu kaufen.

Als das der wunderschöne rote Apfel sah, machte er einen großen Satz und rollte dem Kind genau vor die Füße.
„O schau nur, Mutter“, rief das Kind, „was für ein wunderschöner roter Apfel! Darf ich den wohl essen?“
Die Mutter nickte, und der wunderschöne rote Apfel ließ sich willig von dem hungrigen Köhlerkind verspeisen, und auch die Mutter bekam ein paar Bissen ab. Danach waren beide satt und froh und sie legten sich zur Ruhe und schliefen wie die Murmeltiere.

Die allerletzte Hexe

Wer möchte am Abend Frühstück essen
und in der Nacht den Schlaf vergessen;
ein jedes Buch von rückwärts lesen
und reiten auf dem Küchenbesen?
Wer ärgert alle braven Leute
wie alle Tage, so auch heute?
Wer reißt den Knopf von Mutters Kleid?
Wer machte, dass die Oma Haid
am Abend lang im Hof hinfiel?
Und wer zerbrach das Glas am Stiel?
Wer stiehlt dem Meerschwein nachts das Futter?
Wer wirft den Kamm in unsre Butter?
Wer spritzt ins Schönschriftheft die Kleckse?
Es ist die allerletzte Hexe,
die es in unserer Stadt noch gibt
und die wohl niemand richtig liebt.
Drum macht sie uns den Schabernack.
Die Hexe heißt Kadaberquack.
Doch wo sie wohnt, die schlimme Frau,
das weiß kein Mensch genau!

Die eingebildete Dampfwalze

Die eingebildete Dampfwalze stand am Straßenrand und rief: „Ich bin dicker als der Kirchturm. Ich rauche stärker als der Schornstein. Ich bin so stark, dass sich jeder vor mir fürchten muss. Hört nur, was ich für einen Lärm mache, wenn ich über die Straße rolle!“ Damit rollte die Dampfwalze über die Landstraße davon.

Da kroch ihr eine Schnecke über den Weg.

„Platz da!“, rief die Dampfwalze: „Oder du bist tot!“

Da kroch die Schnecke, so schnell sie konnte, um sich vor der Dampfwalze in Sicherheit zu bringen.

„Haha“, lachte die eingebildete Dampfwalze. „Ich muss etwas ganz Besonderes sein. Vor mir fürchten sich sogar die

Schnecken.“ Damit rollte die Dampfwalze über die Landstraße davon.
Da krochen ihr zwei Ameisen über den Weg.
„Platz da!“, rief die Dampfwalze, „oder ihr seid nicht mehr.“
Da liefen die Ameisen, so schnell sie laufen konnten, um sich vor der Dampfwalze in Sicherheit zu bringen.
„Haha“, lachte die eingebildete Dampfwalze. „Ich muss etwas ganz Besonderes sein. Vor mir fürchten sich sogar die Ameisen.“ Damit rollte die Dampfwalze weiter über die Landstraße davon.
Da kam ihr ein kleiner Junge auf dem Weg entgegen.
„Platz da!“, rief die Dampfwalze, „oder du bist ein toter Mann.“
Da sprang der Junge schnell zur Seite, um nicht von der Dampfwalze überfahren zu werden.
„Haha“, lachte die eingebildete Dampfwalze. „Ich muss etwas ganz Besonderes sein. Vor mir fürchten sich Menschen und Tiere.“ Damit rollte die Dampfwalze weiter über die Land straße davon, bis sie an den Sumpf kam.
Da saß ein grüner Frosch im Gras und quakte: „Fahr nicht in den Sumpf. Du wirst darin ertrinken!“
„Ich bin etwas ganz Besonderes“, schnaufte die Dampfwalze. „Vor mir fürchten sich Menschen und Tiere. Da soll ich Furcht vor dem Sumpf haben?“
Damit fuhr die Dampfwalze in den Sumpf.
„Hilfe, hilfe! Ich ertrinke!“, rief die eingebildete Dampfwalze. Sie war mitten in den Morast geraten.
Als die Straßenarbeiter nach ihrer Mittagspause an ihre Arbeitsstelle zurückgekehrt waren, war die Dampfwalze nicht mehr auf ihrem Platz.
„Wo mag sie nur hingetollt sein?“, sinnierten die Männer. „Sicher waren die Bremsen locker.“

Sie suchten und suchten. Sie suchten auf der Landstraße und endlich kamen sie an den Sumpf. „Dort steckt sie im Morast!“, riefen die Männer. „Schnell, wir müssen den Traktor holen!“ Dann wurde der Traktor vor die Dampfwalze gespannt. Er zog und zog. Aber die Dampfwalze rührte sich nicht.
„Wir holen den Hebekran. Der wird es schaffen!“, beschlossen die Männer. Der Hebekran wurde gebracht. Er packte zu und schwupp! hing die Dampfwalze in der Luft.
„Der Kran ist stärker als die dicke Dampfwalze“, quakte der Frosch. „Ich habe es gleich gewusst.“
Der kleine Junge stand auf der Landstraße und lachte und die Dampfwalze stand da und schämte sich.
„Ich fahre gleich zurück zur Baustelle!“, rief einer der Männer. Damit setzte er sich auf die Dampfwalze und fuhr los. Auch der kleine Junge durfte mitfahren.
Die dicke Dampfwalze war jetzt gar nicht mehr eingebildet. Wenn mich nur nicht die Schnecke und die Ameisen sehen, dachte sie. Was sollen die nur von mir denken?

Die gläserne Prinzessin

Die gläserne Prinzessin lebte zwischen Morgen- und Abendland, ungefähr dort, wo die Sonne im Mittag steht. Sie war so schön, dass die Sterne am Himmel vor ihr verblassten. Alle Leute, die sie sahen, liebten sie, ihre Haut war so zart und glatt, dass man das rote Blut in den Adern pulsieren sah, und ihr Haar war von reinstem Gold. Ihre Augen waren so klar wie Bergkristall, und jeder, der sie ansah, konnte ihr bis ins Herz sehen. So fein und durchsichtig war sie. Natürlich war die gläserne Prinzessin ein zierliches und zerbrechliches Ding und man musste sie mit Vorsicht und großer Liebe behandeln. Doch sie war lieb und freundlich und lächelte gern.

Als die gläserne Prinzessin ein junges Mädchen geworden war, kamen viele Prinzen aus Osten und Süden und Norden und Westen, die um die Hand der schönen Prinzessin anhielten, denn jeder Prinz hätte sie gern zu seiner Frau gehabt. Der König aber konnte sich nicht entschließen, seine Tochter mit irgendeinem Prinzen zu vermählen. Er fürchtete, sie könnte daran zerbrechen.

Da entfernten sich die Prinzen wieder vom Hof des Königs und die gläserne Prinzessin blieb allein und unvermählt.

Nur ein junger Königssohn verließ den Hof des Königs nicht. Er war aus einem weit entfernten Land gekommen, denn die Kunde von der Schönheit der gläsernen Prinzessin war um die ganze Welt gedrungen. Aber als er die Prinzessin zu Gesicht bekam, war sie noch vieltausendmal schöner, als er sie sich in seinen kühnsten Träumen ausgemalt hatte. Und ihr Lächeln traf ihn mitten ins Herz.

Und als er ihr von Angesicht zu Angesicht gegenüberstand, wusste er, dass nur die gläserne Prinzessin die Frau seines Herzens und die zukünftige Königin seines Landes sein konnte.

Der alte König aber wollte seine Tochter nicht hergeben. Doch der junge Königssohn schmeichelte und bettelte so lange, bis er ihn schließlich überredete. Da sagte der alte König:

„Gut. Ich bin mit der Heirat einverstanden. Du darfst die gläserne Prinzessin heimführen. Doch denke daran, wie zart und spröde sie ist. Behandle sie mit großer Vorsicht und Sorgfalt. Dann wird sich ihre Sprödigkeit eines Tages legen. Einmal wird die Zeit kommen, da wird sie dann vielleicht wie jeder andere Mensch sein. Vor allen Dingen musst du deine Ungeduld bezähmen. Und merke dir: Was auch geschieht, du darfst die Prinzessin niemals küssen! Es möchte ihr sonst das Herz im Leibe zerspringen."

Der Prinz versprach alles, was der König forderte, und der alte Mann war damit zufrieden.

Die gläserne Prinzessin aber wurde in eine weichgepolsterte Kutsche gesetzt und mit sechs vorgespannten Pferden in das ferne Reich des Königssohnes gefahren.

Als sie ungefähr eine Woche gefahren waren, erreichten sie das Land. Das Volk jubelte seiner neuen Königin begeistert zu und der junge Prinz hob die schöne Prinzessin aus der Kutsche. Wie glücklich war jetzt der Königssohn, da er die gläserne Prinzessin sein Eigen nennen durfte.

Ungeduldig, wie er war, vergaß er alle seine guten Vorsätze. Er dachte auch nicht mehr daran, was er dem guten alten

König versprochen hatte; denn als er die Prinzessin ins Schloss führte, küsste er ihr galant die Hand!

Glücklicherweise berührten seine Lippen nur den großen Diamanten, den die gläserne Prinzessin am Ringfinger trug. Doch schepperte es, als wäre ein Schrank mit kostbaren Gläsern erschüttert worden.

Dem Königssohn hätte das eine Warnung sein können. Doch er hörte nicht auf das Klirren, sondern führte die Prinzessin stolz in den Ballsaal.

Die Hochzeit dauerte drei Tage. Die gläserne Prinzessin, die jetzt Königin geworden war, tanzte so leicht wie eine Feder, die Musikanten fiedelten, und die Fröhlichkeit nahm kein Ende.

Am vierten Tag, als wieder neu zum Tanz geblasen wurde, konnte der Königssohn seine Leidenschaft nicht mehr beherrschen: Er küsste zum zweiten Mal die Hand seiner gläsernen Königin; diesmal mit viel größerem Ungestüm.

Die junge Königin wollte ihrem Gatten schnell ihre Hand entziehen. Aber sie war nicht schnell genug, und so küsste er den Nagel ihres Daumens.

Da ging ein Klirren durch den Körper der gläsernen Königin, als stampfe ein Elefant durch einen Porzellanladen. Und irgendetwas in ihr war zerbrochen. Da musste sie schnell in ihre Gemächer gehen, und die Kammerfrauen brachten sie zu Bett.

Glücklicherweise erholte sie sich noch einmal von ihrem Schrecken, und am nächsten Morgen war sie wieder gesund und munter.

Der Königssohn aber war ein wenig in sich gegangen.

Er hatte die ganze Nacht auf der Bank vor der Tür zu den Gemächern der jungen Königin gesessen, und er war sehr traurig, weil er so ungestüm gewesen war. Doch als am nächsten Morgen nach Sonnenaufgang die junge Königin

gesund und frisch wie der strahlende Tag aus ihren Gemächern herauskam, da erfasste ihn ein Glückstaumel. Er war nicht mehr Herr seiner Sinne und alle guten Vorsätze waren vergessen: Es kam wie ein Rausch über ihn, und vor Freude über ihre Genesung umarmte er die Königin ganz fest und drückte ihr einen feurigen Kuss auf die Wange.
Da geschah etwas Schreckliches und alles war vorbei: Es klirrte und klang und schepperte und das Glas zersprang! Ehe sich's der Königssohn versah, stand er vor einem Scherbenhaufen. Von der gläsernen Königin war nichts mehr übrig geblieben.

Die Katze und die Maus

Es war einmal eine neugierige Katze, die fand ein bewohntes Mauseloch. Das Mäuslein war schlau und blieb in seinem Bau. Die Katze setzte sich vor das Mauseloch und schnurrte freundlich: „Komm raus, komm raus! Ich tu dir nichts!“

Doch die Maus drehte ihr eine lange Nase und rief aus dem hintersten Winkel des Mäusebaus:

„Ich komme nicht!
Ich trau' dir nicht!
Du willst mir nicht gefallen.
Du hast zu spitze Krallen.“

Am nächsten Tag kam sie wieder, setzte sich vor das Mauseloch und schnurrte freundlich: „Komm raus, komm raus! Ich tu dir nichts! Ich habe Samthandschuhe angezogen, denn ich möchte mit dir tanzen!“

Tatsächlich hatte Katze die Krallen eingezogen, sodass die Pfoten ganz harmlos aussahen. Die Maus lief bis zur Mitte ihres Baus, sah die Samtpfoten der Katze und rief:

„Ich komme nicht!
Ich trau dir nicht!

Vor euch Katzen
fürcht' ich mich."

Da schlich die Katze nach Haus. Am nächsten Tag kam sie wieder, setzte sich vor das Mauseloch und schnurrte freundlich: „Komm raus, komm raus! Ich tu dir nichts! Ich hab dir auch was mitgebracht: ein Perlenkettchen für deinen Hals, damit du siehst, wie ehrlich ich's meine."
Tatsächlich hatte die Katze eine kleine Perlenkette bei sich. Die Maus lief bis zum Rand des Mauselochs. Sie ging nur so weit, dass die Katze ihr nichts anhaben konnte. Begehrlich sah sie mit ihren kleinen Mauseaugen auf die funkelnden Perlen. Doch dann zog sie sich wieder zurück und rief:

„Ich komme nicht!
Ich trau dir nicht!
Vor schwarzen Krallen
fürcht ich mich."

Da schlich die Katze nach Haus. Am nächsten Tag kam sie wieder, setzte sich vor das Mauseloch und schnurrte freundlich: „Komm raus! Komm raus! Ich tu dir nichts! Ich habe dir auch was mitgebracht: ein Stückchen gebratenen Speck, damit du siehst, dass du mir die Liebste bist!"
Tatsächlich hielt die Katze ein Stückchen Speck in den Pfoten. Die Maus lief bis zum äußersten Rand des Mauselochs. Begehrlich schnupperte sie mit ihrer kleinen Mausenase. Der Speck roch so köstlich, dass das Mäuschen kaum widerstehen konnte. Doch sie hielt sich noch zurück und rief:

„Wir wollen gute Freunde sein,
dann komm ich heut Nacht beim Mondenschein!"

Katzen können warten. Diesmal blieb die neugierige Katze vor dem Mauseloch sitzen und wartete auf den Mondenschein. Bald war es Nacht und die dumme Maus kroch aus dem Mauseloch hervor. Das Mäuslein rief:

„Jetzt komme ich!“

Und die Katze antwortete:

„Ich fresse dich!“

Die Geschichte ist aus.
Die Katz hat die Maus!

Die singende Kuh

In einem Dorf lebte einmal eine hübsche bunt gefleckte Kuh, die weckte jeden Morgen ihre Nachbarschaft durch melodisches Gebrumme. Eines Tages kam ein durchreisender Ochse ins Dorf. Der machte der Kuh seinen Antrittsbesuch.
„Verehrtes Fräulein Kuh!“, brummte der Ochse zur Begrüßung. „Ich bin begeistert von dem melodischen Klang Ihrer Stimme. Sie sind ein Naturtalent, und es wäre jammerschade, wenn Sie Ihre Gaben verkümmern lassen. Ich habe Beziehungen zu Film und Bühne. Sie müssen unbedingt Ihre Stimme ausbilden lassen. Ich bin sicher, Sie werden mit Ihrem Gebrumme viel Geld verdienen.“
Derartige Töne, auch wenn sie von einem alten Ochsen gesprochen werden, sind eine angenehme Musik in den Ohren einer Kuh. Es dauerte gar nicht lange, da hatte der Ochse die Kuh zur Kunst überredet. So wurde die Kuh zu einer berühmten Nachtigall in die Lehre geschickt. Bei ihr sollte sie im Gesang ausgebildet werden.
Die Nachtigall flötete in den höchsten Tönen, und die Kuh brummte nach, was die Nachtigall ihr vorgeflötet hatte. Nachdem sie beide ein gutes Jahr lang geflötet und gebrummt hatten, hielt der Ochse die Zeit für gekommen, die Kuh zum ersten Mal öffentlich auftreten zu lassen.
Er ließ Plakate drucken, auf denen zu lesen stand, dass die

Kuh Minna, die berühmte junge Nachwuchskünstlerin, am Abend auf der Wiese ein großes Konzert geben würde. Unterschrieben war das Plakat mit: „Ochse Karl, künstlerischer Leiter und Konzertdirektor."

Als es Abend geworden war, stellten sich viele Tiere ein, um auf der Wiese dem Gebrumm der Kuh zu lauschen. Es kamen nicht nur Kühe und Och sen, sondern auch Esel, Gänse, Schafe und Puten und überhaupt alles, was in der Tierwelt Rang und Namen hatte. Und am nächsten Tag berichteten alle Zeitungen von dem großen Brummtalent. Die Kritiker lobten besonders die tiefe Stimmlage und den langen Atem der Sängerin. Von nun an sang die Kuh vor immer neuem begeistertem Publikum. Der Ochse zog mit ihr von Dorf zu Dorf.

So ging es zwei lange Jahre hindurch und der Ochse und die Kuh hatten schon sehr viel Geld durch die Kunst verdient. Inzwischen war die Kuh älter geworden. Doch ihr Gebrumm war noch vollkommener und köstlicher als am Anfang ihres Ruhmes.

Aber plötzlich ließ das Interesse an den Konzerten nach. Wenn die Kuh ein Gastspiel gab, hörten ihr nur wenige Tiere zu. In den Zeitungen wurden kritische Stimmen laut. Viele Tiere sprachen spöttisch von der alten Kuh. Da wurde die Kuh sehr traurig und krank vor Kummer. Sie wusste nicht, warum sie plötzlich keinen Erfolg mehr hatte.

Der Geschmack der Tiere aber hatte sich geändert. Was gestern in der Kunst noch die Seligkeit bedeutete, galt heute nichts mehr. Denn nichts auf der Welt ist so wandelbar wie die Gunst des Publikums.

Das war eine sehr schmerzliche Erfahrung, die unsere Kuh machen musste.

Freche Wichtelbuben

Die Peiniger von Peine sind freche Wichtelbuben,
die voller Schalk und Bosheit sind;
sie kugeln durch die Stuben!
Der Witwe Weiß ist immer vor bösen Räubern bang,
drum legt sie ihre Rente tief unten in den Schrank.
Die Peiniger von Peine, was tun die Wichtel nur?
Sie stecken alle Scheine im Zimmer in die Uhr.
Frau Witwe Weiß wird närrisch,
sie sucht und sucht und sucht.
Die Wichtel aber kichern, wenn sie verzweifelt flucht.
Herr Maaß steht auf um sieben.
Die Wichtel kannst du sehen,
wie sie nachts ganz durchtrieben
den Wecker vorwärts drehen.
Um vier Uhr schellt das Läutwerk.
Herr Maaß springt aus dem Bett
und stolpert auf der Diele. So etwas ist nicht nett.
Dem Martin klauen sie Socken, der Christa ein Bonbon;
der Mutter gar die Locken – die falschen! Kein Pardon
gibt's bei den unverschämten, den frechen Wichtelbuben;
sie lachen sich ins Fäustchen und kugeln durch die Stuben!

100
100
100
10
12 1 2 3 4 5 6 7 8

Gartenzwergerl

Weißt du, wo's richtige Zwergerl hat?
Es gibt sie auch in unserer Stadt.
Sie spielen Flöte, schieben Karren
und machen lauter solchen Schmarren.*)
Sie tragen Brillen auf der Nase
und sind nicht größer als ein Hase.
Sie haben Schürzen um den Bauch
und tragen Zipfelmützen auch.
Natürlich sind die Mützen rot.
Ein Fliegenpilz, du liebe Not,
wächst immer dort, wo Wichteltruppen
beisammen stehn in kleinen Gruppen.
Die Gartenwelt ist ihr Revier.
Sie trinken auf dem Rasen Bier,
sie graben, rechen oder gießen
mit Kännchen, dass die Astern sprießen.
Sie sind nicht rar. Selbst auf Balkonen
und hinter Doppelfenstern wohnen
gräusliche Kerlchen, hässlich-schön,
wie Rumpelstilzchen anzusehn.
Nicht nur im Innern hoher Berge,
nein, mitten unter uns gibt's Zwerge!
Zwar sind sie alle steif und starr
und manche glotzen sonderbar;
doch lieb sind sie und angenehm,
die Wichtel aus gebranntem Lehm!

*) Unsinn.

Heiner in der verkehrten Welt

Heiner ist ein seltsamer Junge. Er kommt aus der verkehrten Welt. Soll er vorwärts gehen, geht er rückwärts, und bei Tisch sitzt unser Heiner nicht wie ein wohlerzogener Junge – er sitzt mit dem Gesicht zur Stuhllehne und lässt seine Beine über die Lehne baumeln. Als seine Mutter die Erbsensuppe bringt, fuhrwerkt er anstatt mit dem Löffel mit dem Löffelstiel in den Erbsen herum. Und selbstverständlich liegt unser Heiner auch stets verkehrt herum im Bett – mit den Füßen auf dem Kopfkissen.

So tat er es auch gestern Abend. Aber kaum war er eingeschlafen, da drehte sich das ganze Zimmer. Heiner war plötzlich in einer ganz verkehrten und verdrehten Welt.

Er bemerkte es sofort: In der Luft schwirrten Fische herum und im Flusswasser schwammen lustig und vergnügt viele Krähen und andere Vögel. Die Bäume hatten ihre Kronen mit allen Zweigen und Blättern in die Erde vergraben und sie streckten dafür ihre Wurzeln in den Himmel. Es war wirklich ein seltsamer Anblick.

Als Heiner so dastand und sich wunderte, kam plötzlich ein Mann daher. Der ging auf den Händen. Als er vor Heiner stand, machte er mit der großen Zehe einen Diener.

„Ich bin der Koch Otto-Otto", sagte er.
„Kannst du denn überhaupt kochen", fragte Heiner erstaunt, „wo du doch immer auf den Händen gehst?!"
„Ich koche mit den Füßen", sagte Otto-Otto.
Heiner übte nun auch das Gehen auf den Händen. Und so kamen sie zu einem Haus, das stand mit dem Dach nach unten auf zwei Schornsteinen.
„Also, steigen wir ein", sagte Otto-Otto.
„Wie sollen wir denn einsteigen?", fragte Heiner unentschlossen.
„Durch die Dachluke natürlich", sagte Otto-Otto.
Doch bevor sie ins Haus steigen konnten, kletterte jemand

durch die Dachluke heraus. Erst kamen die Füße, dann der Leib, dann die Arme und zuletzt der Kopf. Als alles draußen war, stand eine kleine kugelrunde Frau vor ihnen, natürlich auf dem Kopf.
„Dies ist unsere liebe Madam Adam", sagte Otto-Otto. „Du kannst ihren Namen vor- und rückwärts gleich lesen. Daran erkennst du die Leute am besten, ob sie in die verkehrte Welt hineingehören oder nicht."

„Lasst uns nicht die Zeit vertun“, sagte die kleine kugelrunde Madam Adam. „Kommt, wir wollen ins Haus steigen. Otto-Otto soll uns etwas zu essen kochen, und ich werde die Tischbeine decken. In der verkehrten Welt essen wir nämlich auf den Tischbeinen.“

„Danke, Madam Adam, das ist sehr freundlich!“, sagte da Heiner. „Aber ich habe erst zu Abend gegessen. Ich möchte lediglich einen Apfel haben. Dann kann sich Otto-Otto das Kochen sparen.“

„Wenn es weiter nichts ist“, sagte Madam Adam. „Das werden wir gleich haben. Otto-Otto soll dir schnell einen Apfel ausgraben.“

Otto-Otto hatte schnell einen Spaten aus der Dachrinne geholt und begann vor dem Haus nach reifen Äpfeln zu graben.

Da rief Heiner voll Entsetzen: „Otto-Otto, hör auf! Ich will keinen Apfel mehr essen. Ich will fort von hier. Ich habe genug von eurer verkehrten Welt. Ich möchte so schnell wie möglich wieder nach Hause. Ich passe gar nicht hierher. Außerdem kann niemand meinen Namen vor- und rückwärts gleich lesen.“ Da sagte Madam Adam: „Wir haben uns so auf deinen Besuch gefreut. Undank ist der Welt Lohn!“

Beleidigt drehte sie sich auf ihrem runden Kopf um und wackelte auf den Händen davon.

„Nur schnell fort von hier“, bat Heiner. „Ich will nie mehr in die verkehrte Welt zurück.“

Als die Mutter am nächsten Morgen ihren Junge wecken wollte, wunderte sie sich, dass Heiner gar nicht verkehrt im Bett lag. Der Wuschelkopf lag, wie es sich gehörte, auf dem Kopfkissen. Die Füße waren am Fußende des Bettes.

Sie sollte sich noch mehr wundern, denn von Stund an hatte Heiner eine ganze Menge seiner Unarten aufgegeben.

Im Traum zum Mond

Mitten in der Nacht wachte der kleine Jan auf, weil sein Bruder Andi an sein Bett getreten war.
„Steh auf!“ rief Andi. „Zieh dich an. Wir müssen noch heute Nacht zum Mond reisen.“
„Zum Mond?“, fragte Jan verschlafen und gähnte kräftig. „Wie willst du zum Mond gelangen? Wir haben doch keine Rakete.“
„Du bist ein Dummkopf“, gab der größere Bruder zurück. „Wir fahren mit Papas Auto über die Mondschein straße zum Mond. Heute ist Freitag, der 7. – und außerdem haben wir Vollmond! Deshalb ist die Mondscheinstraße heute ausnahmsweise mit Personenkraftwagen befahrbar. Die meisten Menschen wissen es nur nicht, und darum nützen so wenig die Gelegenheit.“
„Meinetwegen“” sagte Jan. „Mir soll es recht sein. Also fahren wir los. Ich werde mich warm anziehen, denn auf dem Mond ist es vielleicht sehr kalt.“

Jan war ein mutiger Junge und zu jedem Abenteuer bereit. Als sich die Brüder angezogen hatten, holten sie still und heimlich Papas Auto aus der Garage und brausten los. „Hoffentlich sind wir bis morgen Früh zurück“, gab Jan zu bedenken. „Papa will doch zeitig mit dem Auto ins Büro fahren.“

„Sicher klappt es“, sagte Andi zuversichtlich. „Der Weg über die Mondscheinstraße ist nicht weit. Wir müssen nur erst den Anfang der Straße erreicht haben.“

Andi steuerte den Wagen sicher durch die nächtlichen Straßen der Stadt.

Als sie auf dem freien Feld waren, fiel ein breiter, heller Lichtstrahl vom Vollmond genau auf die Erde. Andi gab

gehörig Gas. Er fuhr schnurgerade auf den Mondstrahl zu. Plötzlich war das Auto in silbernes Licht getaucht.

„Jetzt fahren wir auf der Mond scheinstraße“, frohlockte Andi. „Nun halte dich gut fest, damit wir nicht hinuntergefegt werden.“ Die Straße war spiegelglatt. Der Weg führte steil nach oben. „Festhalten, festhalten!”, schrie Andi noch einmal. Jan beugte sich ganz weit vor. An ihm sollte es nicht liegen, wenn sie es nicht schafften. Doch das große Auto musste ins Schleudern gekommen sein. Plötzlich gab es einen dumpfen Knall. Jan fühlte, dass er aus dem Auto purzelte. Dann schlug er irgendwo hart auf dem Boden auf!

Es war der Fußboden seines Schlafzimmers, wo Jan sich wiederfand.

Mäusefußball

Wenn Mäuse Fußball spielen mit einem Erbsenball
und ihn ins Tor reinbolzen, dann gibt es einen Knall.
Wenn Mäuslein prächtig kicken, dann schaut der
Regenwurm
begeistert auf die Abwehr und auf den Mittelsturm.
Dann brüllen sich die Schnecken die Lungen aus dem Hals
und fuchteln mit den Fühlern. Beim Mäusefußball knallt's!
Sie wissen es zu schätzen, vor Kennern sich zu schlagen;
sie laufen und sie wetzen, als ging's um Kopf und Kragen.

Neugierde

Eine Storchenmutter hat einmal zwei Junge ausgebrütet, einen kleinen Storch und einen ganz kleinen Storch. Sie sitzen beide im Storchennest. Von dort aus sehen sie das Nest der Eule im Turm.

„Ich möchte die Eule einmal aus der Nähe sehen“, sagt der kleine Storch zum ganz kleinen Storch.

„O ja, ich auch!“, klappert darauf der ganz kleine Storch.

Als sie fliegen können, fliegen sie gleich zum Nest der Eule und stecken neugierig den Schnabel hinein. Aber die alte Eule ist auf der Hut. Sie schlägt ihnen den Eulenflügel über die Schnäbel. Da fliegen der kleine Storch und der ganz kleine Storch schnell wieder nach Haus.

„Die Eule ist uns über den Schnabel gefahren“, sagen der kleine Storch und der ganz kleine Storch zur Storchenmutter.

„Das schadet euch gar nichts! Warum seid ihr auch so naseweis“, klappert die Störchin und schickt ihre Jungen ins Nest. Da sitzen sie nun und nur die Schnäbel gucken heraus.

„Was soll diese Geschichte bedeuten?“, wirst du fragen, nicht wahr?

Ach ja:

Wer naseweis ist, dem fährt man über den Schnabel!

Pauline im Geisterreich

Eines schönen Herbsttages, erzählte die Großmutter, war ein Mädchen namens Pauline schon früh am Morgen allein aufgebrochen, um durch die umliegenden Wälder in der Nähe ihrer Heimatstadt zu streifen. Es war ein sonniger Tag, der die Blätter an den Bäumen golden verfärbte. Braunes Laub lag schon auf den Waldwegen. Wenn Pauline da hindurchschlüpfte, dann raschelte es. Holzfäller stapften mit Motorsägen durch den Wald.

Ein Traktor zog geschälte Langholzstämme talwärts zum Sägewerk. Zwischen den Moospolstern am Waldboden wuchsen essbare und giftige Pilze. Eine dicke Waldspitzmaus huschte über den Weg. Man sah es ihr an, dass sie sich gut vor dem Winter gemästet hatte. Ihr Bauch war ziemlich rund und der Pelz war dicht und glatt. Unter einer hohen Buche setzte sich Pauline auf einen bemoosten Stein, um ein wenig zu verschnaufen. Es war inzwischen Mittagszeit. Das Mädchen schloss die Augen, weil ihm die Sonnenstrahlen vor dem Gesicht flimmerten.

Als es die Lider wieder öffnete, stand ein altes Weib vor ihm. Es ging gebückt auf einen Stock gestützt und hatte nur noch einen einzigen Zahn im Mund. Das Gesicht war voller Runzeln. Das strähnige graue Haar hielt die Frau unter einem Kopftuch verborgen.

Pauline ahnte sofort, dass die Alte eine Hexe war. Sie hustete hinter der vorgehaltenen Knochenhand und sagte kichernd: „Na, mein Kind? Möchtest du ein Geist werden?"
„Ein Geist?", fragte Pauline überrascht. „Warum sollte ich wohl?"
„Warum?", kicherte die Alte zurück. „Ich bin eine weise Frau und habe besondere Fähigkeiten. Ich könnte dich zu einem Waldgeist machen, wenn du willst."
„Nun", sagte Pauline, „viel Lust habe ich nicht, ein Geist zu werden. Aber wenn Sie mich kurz zur Probe einmal verzaubern wollen, hätte ich nichts dagegen. Schließlich kann ich es ja ausprobieren, wie das Geisterleben ist."
Die Alte lachte, dass ihr der Zahn wackelte, und begann mit eigenartigen Beschwörungsformeln. Sie machte Kreise und Zeichen mit der Hand und berührte die Schultern des Kindes. Ehe Pauline es sich versah, war sie ein Geist geworden. Mit einem weißen Hemd angetan, schwebte sie durch den Herbstwald wie ein Engel. Die alte Frau stand noch einen Augenblick lang unter der Buche. Dann war sie verschwunden. Nur das Kichern war noch in der Luft zu hören. Ihre meckernde Stimme sagte aus weiter Ferne: „Jetzt musst du sieben Jahre lang ein Geist bleiben."
Dann war alles ruhig. Pauline schwebte als Geist durch den Wald. Sie sah, wie die Blätter von den Bäumen fielen. Schon war es Winter geworden. Die Tannen waren dicht verschneit. Die Forstarbeiter fällten Weihnachtsbäume. Sie saßen um die Mittagszeit um ein Holzfeuer und wärmten sich. Pauline tanzte um sie herum. Niemand beachtete sie. Für die Waldarbeiter war sie unsichtbar und weiter nichts als Luft.
Das Mädchen schwebte weiter. Sehr schnell veränderte sich der Wald. Veilchen und Anemonen blühten. Die Bäume bekamen wieder grüne Blätter. Es war Frühling geworden. Jetzt tanzte

der Waldgeist Pauline auf der Wiese herum. Es dauerte auch gar nicht lange, da wurde es eine Sommerwiese. Heiß brannte die Sonne vom Himmel. Aber als Geist spürte das Kind weder Hitze noch Kälte. Die Jahreszeiten folgten sehr schnell aufeinander. Bald hatte Pauline sieben Winter, sieben Frühlinge und sieben Sommer erlebt. Als sie gerade in den siebenten Herbst geschwebt war, fand sie sich plötzlich unter der hohen

Buche wieder, unter der sie die alte Hexe gefunden hatte. Und auch jetzt stand diese wieder kichernd vor ihr.
„Deine Geisterzeit ist vorbei“, sagte sie. „Du warst sieben Jahre lang ein Geist. Jetzt sollst du wieder Mensch sein.“
Dabei begann sie erneut ihre Kreise und Zeichen zu machen. Ehe es sich Pauline versah, war sie wieder ein Mensch geworden. Sie lag unter einer hohen Buche. Und es war derselbe Baum, unter den sie sich um die Mittagszeit gesetzt hatte. Nur war es inzwischen spät geworden. Und da Pauline ihre menschliche Gestalt wiederhatte, begann sie ganz entsetzlich zu frieren.
Im Wald war es dämmerig. Es war auch wohl schon gegen sieben Uhr abends. Schnell erhob sie sich, um sich verwundert zu fragen: „Habe ich geträumt? Oder war ich wirklich sieben Jahre lang ein Waldgeist?“
Da hörte sie ein Kichern in der Luft. Eine hexenhafte Stimme sagte aus weiter Ferne: „Du warst sieben Stunden lang ein Geist. Sieben Stunden sind im Geisterreich wie sieben Jahre.“
Jetzt erst war Pauline hellwach. Sie sah zum Himmel hinauf. Der Abendstern lugte schon zwischen den Wolken hervor. Da begann das Mädchen zu laufen. Im Laufen fror es auch nicht mehr. Bald hatte es die Landstraße erreicht, auf der viele Autos fuhren. Die Scheinwerfer der Personenkraftwagen sahen aus wie die glühenden Augen von wilden Tieren. Doch Pauline war heilfroh, wieder in der Nähe von Menschen zu sein. Sie fuhr mit dem Autobus nach Hause. Während der Heimfahrt überlegte sie angestrengt: War sie wohl wirklich ein Waldgeist gewesen, von einer alten Hexe verzaubert? Oder hatte sie das alles nur im Herbstwald geträumt? Der Herbstwald ist dazu geeignet, zum Träumen anzuregen.
Ja, so erzählte die Großmutter den Kindern.

Prügelei unter Freunden?

Thorsten verbrachte seine Sommerferien in diesem Jahr in einem Dorf. Dort betrieb sein Onkel Bernhard eine Landwirtschaft. Auch Thorstens Eltern ließen es sich auf dem Bauernhof wohl sein. Der Junge streifte tagtäglich mit seinem Vetter Dirk durch die Felder und Wälder. Besonders gern hielten sie sich auf den Viehweiden des Nachbarn auf, der eine kleine Reitschule besaß und Ponys züchtete. Schon oft waren die Kinder auf einem der Ponys geritten, und zur Belohnung fütterten sie die flinken Pferdchen mit Mohrrüben. Eines Abends kam Thorsten mit einem blauen Auge nach Haus. Die Verlet zung war nicht schlimm; es handelte sich nur um einen winzig kleinen Bluterguss. Doch die Mutter sagte entsetzt:

„Um Himmels willen, Thorsten, was ist geschehen?"
Der Bub druckste ein wenig herum, dann sagte er:
„Ach, weißt du, Mama, ein Pony hat mich ins Gesicht getreten."
„Du meine Güte!", rief die Mutter, „wie war das möglich?"
„Ich fütterte das Pferdchen mit Mohrrüben und es fraß sehr gierig", erklärte Thorsten. „Es konnte gar nicht genug bekommen. Plötzlich bäumte es sich auf und keilte mit dem Vorderhuf nach mir aus. Ich zuckte zurück, aber der Huf streifte mich am Backenknochen. Davon habe ich ein blaues Auge bekommen."
„Das ist das letzte Mal, dass du auf der Pferdeweide warst!", entschied die Mutter. „Da ist man ja seines Lebens nicht sicher."
Onkel Bernhard, der alles mit angehört hatte, lächelte.
„Du übertreibst wohl, Thorsten. Ich würde sagen, du hast dich mit Dirk geprügelt und willst deinen Vetter nicht verraten. Stimmt's?"
Thorsten wurde puterrot und verlegen rückte er mit der Wahrheit heraus. Diese entsprach dem, was der Onkel vermutet hatte. Das Pony war jedenfalls an dem Veilchen am Auge des Jungen unschuldig.
Woher wusste der Onkel so genau, dass Thorsten geflunkert hatte?

Lösung:
Pferde – und somit auch Ponys – können nur mit den Hinterhufen nach hinten auskeilen, niemals nach vorn. Auch kommt es nie vor, dass ein Pferd einen Menschen absichtlich tritt.

Puh, der mutige Bär

Drei Bären zogen durch den Wald. Sie hießen Pah, Peh und Puh: Pah war ein großer Bär, Peh war ein mittlerer Bär, doch Puh war der allerkleinste. Tapp, tapp, tapp! machte es, wenn Pah die Füße setzte. Tipp, tipp, tipp! machten Pehs Füße, und tupp, tupp, tupp! patschte Puh hinterdrein.

Plötzlich fanden sie in einem hohlen Baum einen Bienenstock. „Hm! Sieh mal, dort gibt es Honig!“, meinte Puh. „Lass uns machen!“, riefen die älteren Brüder. „Du bist

zum Honiglecken noch zu dumm." Dann tappten sie zum Bienenstock. Aber die großen Bären waren beim Honiglecken so ungeschickt, dass die Bienen erwachten. Hui! kamen sie aus dem Baum hervor. Summ, summ, summ! machte der Schwarm. Da ergriffen die beiden großen Bären die Flucht und die Bienen folgten ihnen.
Der kleine Puh aber hielt sich die Nase zu, dass keine Biene ihn stechen konnte. So wartete er, bis alle Bienen fortgeflogen waren, Dann holte er sich die köstlichen Honigwaben aus dem Stock, setzte sich ins Gras und leckte den Honig. Hm! Wie das schmeckte. Für Puh war es das größte Honiglecken aller Zeiten. Dann ging er zu seinen Brüdern.
„Wo warst du?", fragten Pah und Peh. „Du hast doch wohl nicht etwa Honig geleckt?"
„Ihr habt doch gesagt, dass ich dazu noch zu dumm bin", sagte Puh.
„Ja, ja, du bist so dumm, dass du noch dem Jäger vor die Flinte läufst", meinten die Brüder. Aber an Puhs Bart klebte noch Honig, und die zwei Bären sahen, dass Puh gar nicht so dumm war, wie er nach ihrer Meinung aussah.
Da kam ein Sonntagsjäger durch den Wald. Husch! verschwanden Pah und Peh hinter dem Busch. Aber Puh erkannte, dass der Mann kein richtiger Bärenfänger war. Dazu war er zu komisch angezogen. Puh brummte, so laut er konnte. Für einen kleinen Bären wie Puh war es ein furchtbares lautes Gebrumm. Es hörte sich zum Fürchten an. Als der Sonntagsjäger Puh so brummen hörte, ließ er vor Schreck die Flinte fallen. Eins, zwei, drei! nahm er Reißaus. Sogar seine Pelzmütze ließ er im Stich.
Puh setzte sich die Pelzmütze auf seinen dicken Schädel. Pah und Peh kamen aus dem Busch hervor.
„Na, was sagt ihr nun?", fragte Puh. Pah und Peh sagten gar

nichts, sondern staunten nur. Die drei Bären zogen jetzt wieder weiter durch den Wald. Puh trug die Mütze des Sonntagsjägers, Peh die Flinte und Pah trug gar nichts. Ja, wenn Vater Bär sie so sehen könnte! Er würde stolz sein auf seine Bärenkinder. Ein ganz klein bisschen stolz auf Pah, etwas mehr stolz auf Peh und ganz, ganz stolz auf Puh.

Auf Puh konnte er natürlich ganz besonders stolz sein, denn Pah war schon ein großer Bär. Peh war ein mittlerer Bär, doch Puh war der allerkleinste. Und es ist schön, wenn auch die Kleinen schon tapfer sind.

Schäfchen Schwarzauge

Als das Lamm geboren wurde, sah das alte Schaf, dass es einen schwarzen Fleck um das rechte Auge hatte. Da die Mutter sich noch keinen Namen ausgedacht hatte, nannte sie es Schwarzauge. Das Lamm wuchs heran. Bald tollte es mit den anderen jungen Schafen auf der Wiese. Aber es wurde oftmals ausgelacht, weil es gefleckt war. Alle anderen Schafe und Schäfchen waren schneeweiß; und sie bildeten sich alle furchtbar viel darauf ein. Hinter den Wiesen erhob sich ein Steilhang. Droben wuchs saftiger Klee. Doch der Weg dorthin war steil und beschwerlich. Kein Schaf traute sich, da

hinaufzusteigen. Schwarzauge aber sagte sich: Wenn ich den Hang erklimme und zeige, dass ich mutig bin, werden mich die anderen nicht mehr hänseln.Gesagt, getan! In der prallen Mittagshitze wagte es den Aufstieg. Das Herz klopfte ihm bis zum Hals. Beinahe wäre ihm schwindelig geworden. Doch jetzt gab es kein Zurück mehr. Schwarzauge nützte jede Bodenstufe aus und sprang von einem Felsvorsprung zum nächsten. Endlich war es oben, wo der beste Klee wuchs. Die anderen Schafe standen bewundernd auf der Wiese.

„Hurra! Ich bin der beste Bergsteiger der Welt!“, rief es aus.

„Wirf uns ein paar saftige Blätter herunter!“, mähten die Schafe unten am Fuß des Steilhanges.

„Selber essen macht fett“, antwortete das mutige Schaf. „Kommt euch doch selber was holen!“

Nach dieser mutigen Tat hat man es nie mehr gehänselt.

Till wird reingelegt

Die alte Anna Wibeken, die Mutter von Till Eulenspiegel, hatte großen Kummer mit ihrem Sohn. Till war ein Bruder Leichtfuß ohne Sitzfleisch. Schon in mehreren Handwerken hatte er sich versucht. Aber aus der Schuhmacherlehre war er davongelaufen, der Schneiderwerkstatt kehrte er den Rücken und auch als Hausdiener und Bäckerlehrling hatte er nichts getaugt. Zum Schluss gab die Mutter Till zu einem Bauern als Knecht in die Lehre. Dagegen sträubte sich der Narr, denn die Laufbahn eines Ackerknechts war ihm nicht gut genug. Außerdem gab es auf dem Land zu viel Arbeit, und Till war kein Freund von schweren Tätigkeiten.

Um ihm die Sache schmackhaft zu machen, redete ihm der Bauer gut zu, als er Till eines Tages mit dem Wagen von seiner Mutter abholte.

„Bei mir brauchst du dich nicht zu überarbeiten, Till", schmeichelte er dem Jungen. „Du wirst es gut bei mir haben. Du bekommst deine eigene Kammer, ein weiches Bett und beim Essen kannst du wählen!"

Diese Ankündigungen gefielen dem Till und so folgte er dem Bauern ins Dorf.

Dort wehte freilich ein rauerer Wind, als Till sich erträumt hatte. Vor allem von seiner Auswahl bei den Mahlzeiten konnte keine Rede sein. Wieder einmal gab es nur einen Linseneintopf, den Till überhaupt nicht mochte. „Aber Bauer“, sagte er deshalb nörgelnd am Mittagstisch, „was ist das heute wieder für ein Essen? Ihr sagtet mir doch im Hause meiner Mutter, ich könnte bei den Mahlzeiten wählen. Wie steht es nun damit?“

„Aber natürlich hast du die Wahl, mein Söhnchen“, schmunzelte der Bauer. „Entweder du isst unsere Linsen, wie sie auf den Tisch kommen, oder du lässt sie stehen!“

Kein Wunder, dass Till Eulenspiegel es bei diesem Herrn nicht lange aushielt. Ein Narr legt nämlich gern andere Leute herein; aber er hasst es, wenn man ihn selber hereinlegt.

Wer tanzt mit?

Falter tanzt am Wiesenrain,
lädt den dicken Käfer ein:
„Willst du mit mir tanzen?“
„Tanz, mit wem du tanzen magst,
denn ich kann nicht tanzen!“

Falter tanzt am Wiesenrain,
lädt die dicke Hummel ein:
„Willst du mit mir tanzen?“
„Tanz, mit wem du tanzen magst,
doch ich mag nicht tanzen!“
Falter tanzt am Wiesenrain,
lädt den grünen Laubfrosch ein:
„Willst du mit mir tanzen?“
„Tanz, mit wem du tanzen magst,
ich quak dir den Brummbass!“
Falter tummelt her und hin,
findet eine Falterin:
„Willst du mit mir tanzen?“
„Gern, recht gern, mein lieber Herr,
einmal kreuz und einmal quer
will ich mit dir tanzen!“

Im Rundfunk gibt es Hundefunk

Der Hundefunk beginnt um acht
mit einem Kläffkonzert;
danach ist Unterricht im Bellen,
denn das ist sehr viel wert.
Mit Knochenkunde, richtig nagen,
vergeht der Vormittag.
Die „Kochkunst für den Hundemagen“
man sehr gern hören mag.
Das „Neueste aus dem Hundeleben“
wird hinterher geknurrt,
die Nachrichten hört jeder Hund,
und niemand hat gemurrt.
Beliebt sind Quiz wie „Spitz, pass auf!“
und „Schlager für den Mops“,
der „aktuelle Boxersport“
und „Spaß mit Pudel Hops!“
Ist der Empfang auch manchmal schlecht,
daheim im Radio
hört jeder Hund den Hundefunk
und ist vergnügt und froh.

So reden Zwergenmütter

„Kommchen, Kleinchen! Mamilein
koch dir gleichchen Breichen fein.
Magst du schleckchen Eis am Stielchen
oder magst du Petersilchen
auf dein Süpplein, welches heißchen,
oder isst du lieber Reischen?
Sagchen, Kleinchen! Mamilein
stopf dir in dein Mündlen rein
was du möchtest: Törtchen, Säftchen,
Küchlein, daß du kommst zu Kräftchen,
das du rundchen wirst und größchen,
dick wie ein Kartoffelklößchen!
So liebt dich dein Mamilein.
Kommchen, Kleinchen! Iss jetzt fein.“

Das kleine Mädchen mit den Schwefelhölzchen

Es war so schrecklich kalt; es schneite und es begann ein dunkler Abend zu werden; es war der letzte Abend des Jahres, Silvesterabend. In dieser Kälte und Finsternis ging auf der Straße ein armes, kleines Mädchen mit bloßem Kopf und nackten Füßen. Als sie von zu Hause wegging, hatte sie freilich Pantoffeln angehabt, aber was konnte das helfen! Es waren sehr große Pantoffeln, ihre Mutter hatte sie zuletzt getragen, so groß waren sie; aber nun hatte die Kleine sie verloren, als sie über die Straße lief, weil zwei Wagen sie beinahe niedergestoßen hätten; der eine Pantoffel war nicht mehr zu finden, und mit dem andern lief ein Junge fort.

Da ging nun das kleine Mädchen auf den nackten, kleinen Füßen, die rot und blau vor Kälte waren. In ihrer alten Schürze trug sie eine Menge Schwefelhölzer, und einen Bund davon hielt sie in der Hand. Niemand hatte ihr den ganzen, langen Tag über etwas abgekauft, niemand ihr einen Groschen geschenkt. Hungrig und zitternd vor Kälte ging sie und sah ganz eingeschüchtert aus, die arme Kleine.

Die Schneeflocken fielen auf ihr langes blondes Haar, das sich in schönen Locken um den Nacken ringelte, aber es war ihr

ganz und gar nicht nach Eitelkeit zumute. Aus allen Fenstern glänzten die Lichter, und bis heraus auf die Straße roch es so herrlich nach Gänsebraten; es war ja Silvesterabend. Ja, nur daran dachte sie.
In einem Winkel zwischen zwei Häusern, von denen das eine mehr vorsprang als das andere, setzte sich die Kleine hin und kauerte sich zusammen. Die kleinen Füße hatte sie fest an sich gezogen; aber es fror sie immer mehr, und nach Hause zu gehen, wagte sie nicht. Sie hatte ja nicht ein einziges Schwefelhölzchen verkauft, nicht einen einzigen Groschen bekommen; von ihrem Vater würde sie gewiss Schläge bekommen, und kalt war es auch zu Hause, nur dass sie ein Dach über sich hatten, und da pfiff der Wind herein, obwohl die größten Spalten mit Stroh und Lumpen zugestopft waren. Ihre kleinen Hände waren beinahe starr vor Kälte. Ach, ein kleines Schwefelhölzchen könnte gut tun. Wenn sie nur ein einziges aus dem Bund ziehen könnte, um sich die Finger daran zu erwärmen! Das tat sie auch. Sie zog eines heraus und ritsch! strich sie es an der Mauer an; wie sprühte es, wie brannte es! Es war eine warme helle Flamme, wie ein kleines Licht; sie hielt die Hände gewölbt darüber.
Welch wunderbares Lichtchen! Es schien dem kleinen Mädchen, als säßen sie vor einem großen eisernen Ofen mit blanken Messingkugeln und einem Messingrohr! Wie brannte das Feuer, wie wärmte es gut! Ja, was war das nun! Die Kleine streckte die Füße aus, um auch diese zu erwärmen - da erlosch das Flämmchen. Der Ofen verschwand, und sie saß da mit dem kleinen Stück eines abgebrannten Schwefelhölzchens in der Hand.
Es war grimmig kalt.
Es zweites Hölzchen wurde an der Wand angestrichen, es brannte, es leuchtete, und wo sein Schein auf die Mauer fiel,

wurde diese durchsichtig wie ein Schleier; sie sah gerade in ein Zimmer hinein, auf dem Tisch war ein weißes Tischtuch ausgebreitet, glänzendes Porzellangeschirr stand darauf, und herrlich dampfte die mit Äpfeln und Pflaumen gefüllte gebratene Gans; und was noch schöner war: Die Gans sprang von der Schüssel herunter und watschelte auf dem Fußboden, Messer und Gabel in der Brust, gerade auf das arme Mädchen zu. Da erlosch das Schwefelhölzchen, und nur die dicke, kalte Mauer war zu sehen.

Es war grimmig kalt.

Die Kleine zündete ein neues Hölzchen an. Da saß sie nun unter dem herrlichsten Christbaum; er war noch größer und schöner geschmückt als der, den sie durch die Glastür bei dem reichen Kaufmann gesehen hatte. Tausend Kerzen brannten auf den grünen Zweigen, und glitzernder Schmuck, wie er in den schönsten Auslagen zu sehen war, hing bis zum Boden herab. Das Mädchen streckte beide Hände danach aus - da erlosch das Schwefelhölzchen. Die Weihnachtslichter aber stiegen höher und höher, das waren jetzt die hellen Sterne am

Himmel, und einer von ihnen fiel herunter, einen langen Feuerstreifen nach sich ziehend.
„Jetzt stirbt jemand!“, dachte das kleine Mädchen, denn die alte Großmutter, die Einzige, die lieb zu ihr gewesen, nun aber tot war, hatte gesagt: „Wenn ein Stern vom Himmel fällt, dann steigt eine Seele hinauf zu Gott.“
Es war grimmig kalt.
Die Kleine strich wieder ein Hölzchen an der Mauer an, da leuchtete es ringsumher, und in dem Glanz stand die alte Großmutter, so klar, so schimmernd, so mild und liebevoll.
„Großmutter!“, rief die Kleine. „Nimm mich mit! Ich weiß, du bist fort, wenn das Hölzchen abgebrannt ist, genauso wie der warme Ofen, der herrliche Gänsebraten und der strahlende Christbaum!“ Und dann strich sie schnell den ganzen Bund Schwefelhölzchen an, denn sie wollte die Großmutter recht festhalten. Und die Schwefelhölzchen leuchteten mit solchem Glanz, dass es heller war als der lichte Tag.
Die Großmutter war früher nie so schön, so groß gewesen. Sie hob das kleine Mädchen auf ihren Arm, und sie flogen in Glanz und Freude hoch über die Erde, unendlich hoch und weit. Und dort war keine Kälte, kein Hunger, keine Angst und Not - sie waren bei Gott.
Im Winkel, an die Mauer gelehnt, saß in der kalten Morgenstunde das arme Mädchen mit roten Backen und einem Lächeln um den Mund - tot, erfroren am letzten Abend des alten Jahres. Rot und eisig ging die Neujahrssonne über der kleinen Toten auf, die den Bund abgebrannter Zündhölzer noch in den Händen hielt.
„Sie wollte sich wärmen!“, sagten die Leute.
Niemand wusste, was sie Schönes gesehen hatte, in welchem Glanz sie mit der Großmutter zur Neujahrsfreude in das Reich Gottes eingegangen war.